angshigongsi
inxi Pilu Zhiliang de Jingji Houguo
— Jiyu Touzizhe Baohu de Shijiao

洪金明 著

上市公司
信息披露质量的经济后果

——基于投资者保护的视角

中国财经出版传媒集团
中国财政经济出版社

图书在版编目（CIP）数据

上市公司信息披露质量的经济后果：基于投资者保护的视角／洪金明著．--北京：中国财政经济出版社，2021.5

ISBN 978-7-5223-0499-1

Ⅰ.①上…　Ⅱ.①洪…　Ⅲ.①上市公司－会计信息－研究－中国　Ⅳ.①F279.246

中国版本图书馆CIP数据核字（2021）第069718号

责任编辑：罗亚洪　　　　责任印制：张　健
封面设计：卜建辰　　　　责任校对：胡永立

中国财政经济出版社 出版

URL：http：//www.cfeph.cn

E-mail：cfeph@cfeph.cn

社址：北京市海淀区阜成路甲28号　邮政编码：100142

营销中心电话：010-88191522

天猫网店：中国财政经济出版社旗舰店

网址：https：//zgczjjcbs.tmall.com

北京财经印刷厂印刷　各地新华书店经销

成品尺寸：170mm×240mm　16开　9.25印张　137 600字

2021年5月第1版　2021年5月北京第1次印刷

定价：39.00元

ISBN 978-7-5223-0499-1

（图书出现印装问题，本社负责调换，电话：010-88190548）

本社质量投诉电话：010-88190744

打击盗版举报热线：010-88191661　QQ：2242791300

前　言

资本市场是优化资源配置的重要场所，也是一个信息的集散地，但普遍存在的信息不对称引发了逆向选择和道德风险问题，极大地降低了市场运行的效率。充分的信息披露则是一种有效的解决方法，它联结着上市公司和资本市场，是债权人和中小股东获取足够信息并做出理智投资决策的重要基础。具体而言，信息披露一方面能够提高市场的透明度，提供正确的估值信息，减少因错误定价带来的损失；另一方面也可以减少事后信息不对称的程度，约束内部人的机会主义行为，保护外部投资者的利益。已有的研究发现，信息披露提高了公司股票的流动性，减少买卖价差，增加信息含量，降低了资本成本。相反，如果没有规范的信息披露制度，就无法有效解决信息不对称问题，也就不能保证投资者能够做出正确的决策，更谈不上如何保障他们的权益。因此，要保护外部投资者的合法权益，就必须加强上市公司的信息披露，杜绝内幕交易和欺诈行为的发生。

本书采用规范分析和实证研究相结合的方法，规范分析主要侧重于理论研究，阐述了信息披露的微观和宏观意义，回顾了国内外信息披露制度的历史变迁，基于我国目前资本市场的实际情况，提出了应该选择信息披露的投资者保护观；在此基础上，借鉴相关的研究成果，将信息披露质量分为财务报表内容质量和财务报表外披露质量。前者关注可靠性和相关性，后者则强调透明度，主要由充分披露和可理解性组成。实证部分主要基于投资者保护的视角研究了信息披露质量的经济后果，选取2007—2009年深市A股上市公司为研究对象，考察了信息披露质量对债权人和中小股东保护的作用。

信息披露能够减轻债务代理成本，既可以缓解债务融资约束，也可以保护债权人利益。研究发现：信息披露质量与银行借款存在显著正相关关系，表明提高信息披露水平有助于公司获得更多的银行借款。银行作为营利组织，需要通过发放贷款等获取收入，向信息披露质量高的公司提供信贷支持能够保证贷款的安全可靠，避免发生更多坏账，是银行保护自身权益的重要工具；相对于长期借款而言，信息披露质量对新增短期借款具有更显著的影响，说明短期内信息披露质量水平的高低能够很好地代表公司的经营状况，但是长期而言公司面临着较大的不确定性，发生违约的可能性较高，因此银行对外部履约机制的依赖性增强；与国有企业相比，信息披露质量对非国有企业新增银行借款的影响更显著。因此，提高信息披露水平可以缓解非国有企业的融资约束，银行要根据信息披露质量进行信贷决策以及更多的监督和控制。国有企业因与政府存在特殊的关系，银行愿意为其提供更多债务融资更可能出于政治目的而非盈利目的，所以信息披露质量对其影响不是很大；在市场化程度越高、政府干预程度越低、法治水平越高的地区，信息披露质量对新增银行借款的影响越显著。这些地区的银行在发放贷款时会更多地考虑盈利目的而非政治目的。在制度环境较差的地区，政府为了地方经济的发展、社会就业、财政收入等，有很强的动机干预企业贷款决策。因此，在制度环境较好的地区，银行信贷更多地考虑市场因素，信息披露质量也就非常重要。

信息披露也可以降低控股股东的代理成本，保护中小股东的利益。研究结论表明：提高信息披露水平能够减少控股股东的资金占用和现金股利的支付率，从根本上保护中小股东的利益，有效的信息披露有助于中小股东更准确、更清楚地了解上市公司的情况，进而做出有效的投资决策。一旦中小股东发现自己的权益受到控股股东的侵害，可以通过“用脚投票”的方式予以回击，从而会增加公司的融资成本，最终为此埋单的仍是控股股东。高质量的信息披露可以约束控股股东资金占用行为，有助于公司的长远发展；控股股东通过侵占资金方式获取了私人收益，却损害了中小股东的权益。相比而言，信息披露质量高的公司市值相对较高，说明市场能够识别信息披露质量高的公司。因此，公司应积极主动地提高信息披露质量，在满足强制披露的要求下，加强自愿性信息披露，展示公司的经营状况、发展潜力以及所面临的风险等，降低上市公司的筹资成本。外部高质量的事务所会倾向于选择信息披露质量高的公司，可以使公司保持高水平的信息披露，从而能减少控股股东的资金占用行为，起到较强的治理作用，说明良好的信息披露有积极的正效应。

本书的主要贡献有：运用信息论作为理论基础；将信息披露质量分为财务报表内容质量和财务报表外披露质量，分别通过不同的特性阐述了相应的质量要求；以代理理论为指导并结合我国“一股独大”的特殊制度背景，深入分析信息披露在解决控股股东和外部投资者之间存在代理问题中的作用；采用静态和动态的分析方法，不但从微观的视角考虑了信息披露质量对银行信贷的影响，而且从所有权性质和制度环境等宏观方面做了深入考察，为经济后果的研究提供新的视角。

本书的研究为提高信息披露质量以及强化监管提供了经验证据。上市公司作为信息披露的主体，除了应满足强制披露要求外，还应积极主动地向市场进行自愿性披露，以提高信息的透明度，此举既可以保护债权人和中小股东的利益，进而能够减少融资约束，提高公司价值，又可以降低审计风险，吸引高质量的审计服务，充分发挥审计的治理作用。对监管者而言，完善相关的法律法规制度，减少对市场的干预，提高监管效率，应积极推广信息披露质量指标，便于外部投资者的判断和评价。

洪金明

目 录
Contents

1. 引　言

1.1　研究动机和意义

我国资本市场起步于20世纪90年代初，旨在建立健全社会主义市场经济体制，经过近20年的努力，已经取得了巨大的成就。上市公司从当初的13家已经发展成2 062家，截至2010年底，沪深股市总市值达到26.54万亿元，位居全球第二，募集资金规模约达9 400亿元。资本市场对促进经济发展、完善市场体系、优化资源配置等方面发挥着至关重要的作用。在如此短的时间内，我国资本市场却走过发达国家上百年的发展之路，堪称发展史上的奇迹。在实现跨越式发展的同时，资本市场也存在着诸多需要完善的地方。一些上市公司为获得或者保持证券发行资格，操纵会计盈余，降低信息披露质量；部分控股股东采取不正当的手段操纵资本市场，中小投资者的利益受到严重侵犯。银广夏、蓝田股份、杭萧钢构等事件就是很好的明证，它们严重影响了资本市场的运行效率，对外部投资者信心造成巨大冲击，使他们的利益蒙受巨大的损失。防止和杜绝这些问题的发生，更好地保护投资者利益，需要从制度层面加以思考和解决。

投资者保护是近年来研究的热点，主要关注如何防止内部人对外部投资者的掠夺。传统的公司治理主要解决在所有权和经营权分离下的管理层和股东之间的代理问题。Berle和Means（1932）指出，在股权分散的公司中，股东往往不能对管理层实施有效的监督，他们更多地出于“搭便车”的动机，不愿意，也没有能力对管理层进行有效的监督和制约，使得管理层可能会出于自身私利而追求自身效用的最大化（如高在职消费、建立庞大的“经理帝国”等），最终侵害股东的利益。Jensen 和 Meckling（1976）就如何解决上述代理问题提出了富有建设性的解决措施，通过赋予管理层一定的剩余索取权，使之与股东的利益趋于一致，进而可以解决两权分离引起代理问题。后来的研究发现，世界上绝大多数国家的公司股权相对集中而非分散，代理问题主要不是发生在股东和管理层之间，而是发生在控股股东和中小投资者之间。控股股东扮演着“天使”和“魔鬼”的双重角色，一方面控股股东有足够动力和能力对管理层进行有效的监督，克服免费“搭便车”问题，甚至可能还会直接参与到公司的经营管理，维护所有投资者的权益，能够增加公司的价值；另一方面控股股东也有可能牺牲中小股东以及债权人的利益以追求自身私利，而不以公司价值最大化为目标。Bebchuk（1999）指出，在中小投资者利益保护薄弱的国家，控股股东有很大可能侵占外部投资者利益以获取私人收益。

长期以来，“一股独大”一直困扰着我国资本市场的发展。为此，我国于 2005 年开始了股权分置改革，但我国“一股独大”的状况并未得到改变。洪金明和徐玉德（2008）研究发现，2007 年第一大股东持股比例的均值为 36.2%，而 La Porta 等（1998a）统计了世界前三大股东持股比例的均值，美国、英国和日本分别为 20%、19% 和 18%，而德国为 48%。在这种股权结构下，控股股东在有效管理公司的同时，更倾向于侵占中小股东的利益（Shleifer 和 Vishny，1997），并且这种行为更多地发生在投资者利益保护薄弱的国家（Bebchuk，1999）。我国经济正处于转轨时期，相关法律体系仍不健全，对保护外部投资者的相关规定仍存在很多“空白”，控股股东侵占外部投资者利益的案例屡见不鲜。Chao Chen 等（2005）发现控股股东在配股后债务杠杆显著增加并从上市公司抽取资金的证据，表明控股股东通过债务融资“圈钱”（money encirclement）。杜思超等（2006）分析了企业间为获得银行信贷而进行相互担保的现象，发现这些企业往往存在关联关系，担保能力有限，一旦资金链断裂就会影响金融稳定，所以建议要对担保进行严格审查。唐宗明等（2002）研究发现我国上市公司的大股东对小股东的侵害程度远远高于英美国家。因此，本书研究的重点是如何保护债权人和中小股东的利益。

控股股东的侵占行为不仅损害了广大中小股东的利益，而且严重违背了“公平”“公开”“公正”的原则，更不利于资本市场的长远发展。Johnson等（2000）发现，控股股东侵占行为是导致1997—1999年金融危机的主要原因。控股股东的侵占行为通常有两种表现方式：一种是直接从公司转移资源，如直接的偷盗和舞弊、关联担保和资金占用等；另一种是通过渐进收购等方式而不必转移公司的资源。在我国资本市场上，资金占用是控股股东侵占的主要方式。控股股东的资金占用需要在隐蔽的条件下进行，以防被外部投资者发现并引起相应法律诉讼，而提高信息披露水平可以保护外部投资者，增加控股股东资金侵占的难度，阻止他们的侵占行为。相反，相对宽松的信息披露制度会加剧控股股东与外部投资者的不对称程度，更方便控股股东转移公司财产并隐藏他们的行为。可见，信息披露是外部投资权益得到保障的重要基础，也是资本市场健康运行的基石。

信息披露是连接公司和投资者的桥梁，是投资者了解上市公司的窗口。在披露过程中，处于劣势的外部投资者获取相关的信息，减轻与控股股东之间的不对称程度，从而能够获得足够信息并据以做出理智的投资决策。一方面，信息披露可以提高市场透明度，缓解信息成本，向投资者提供正确估值信息，减少错误定价带来的损失；另一方面，信息披露可以降低事后信息不对称的程度，约束内部人的机会主义行为，保护外部投资者的利益。研究发现，信息披露还可以提高公司股票的流动性，减少买卖价差，增加股票的信息含量，降低包括债务成本和股权成本在内的资本成本。相反，如果没有规范的信息披露制度，就无法形成对信息不对称的制约，也就不能保证投资者能够做出正确的决策，更谈不上如何保障他们的权益。因此，要保护外部投资者的合法权益，就必须加强上市公司的信息披露，杜绝内幕交易和欺诈行为的发生。

现有文献缺乏基于信息披露质量的视角系统地对外部投资者保护的研究。基于此，本书结合我国的实际情况，运用代理理论作为基础，系统研究信息披露质量的经济后果，具体体现以下两个方面：一是信息披露能否保护债权人的利益，即信息披露质量能否提高债务契约的有效性；信息披露对债务期限的长短是否有影响；不同的制度环境是否会影响信息披露所起的作用。二是信息披露与控股股东的代理成本关系，即信息披露质量能否减少控股股东的侵占行为，存在资金占用的情况下不同的信息披露对公司价值是否有差异，基于高质量审计服务的视角考察信息披露质量能否起到良性作用从而也可以减少控股股东的资金占用。

本书研究具有一定的理论和现实意义。如何保障债权人和中小股东的利益成为公司治理的重要内容，两权分离使得他们处于信息的劣势地位，强化信息披露是一种良剂。对投资者保护的研究成果比较丰富，但大多数研究的视角相对比较宏观，如法律体系（La Porta 等，1997）、法律环境（Francis 等，2001），基于信息披露质量视角的研究则相对缺乏，但提高上市公司信息披露质量对于提高投资者利益保护度也具有重要的作用（Johnson 等，2000）。为此，本书基于代理理论，采用实证的方法系统研究了信息披露质量对债权人及中小股东保护的作用。

本书研究的现实意义主要体现在以下三个方面：

第一，提高上市公司信息披露质量有助于推动我国资本市场的健康稳定发展，实现资源的优化配置。在一个成熟而有效的市场上，股价可以引导资源流向，调节资金双方的供需关系，促进各种生产要素尤其是资金的重新配置与组合，最终使业绩优良的公司获得足够的资金用以扩大再生产，而业绩差的公司因资金短缺退出市场。股价作为内在价值的反映，更多依赖于公司披露的相关信息。如果市场中充斥了大量的虚假信息等，会导致股价对其内在价值的歪曲反映，使资源出现错配，真正绩优公司因缺乏资金的支持错失发展的良机。在此过程中，投资者也会蒙受巨大的损失，他们不愿意再将资金交给公司以换取未来的投资回报，导致公司因不能筹集到资金而无法创造财富，进而阻碍经济的发展，资本市场也会逐步“柠檬化”。King 和 Levine（1993）及 Levine 和 Zervos（1998）发现股票市场和债务市场的发展会促进一国的经济增长；Rajan 和 Zingales（1998）认为投资者保护的影响是广泛而又巨大的，能够减少代理问题，促进资本市场发展。

第二，提高信息披露质量有利于公司筹集资金，降低资本成本。资本市场运行的基础是信息，高质量、业绩优的公司更愿意向投资者充分展示未来的发展前景，以减少公司和投资者之间的不对称，赢得投资者的信任，降低决策过程中的信息收集成本等，而这些恰恰是那些经营状况较差的公司所不能达到的。对此，市场会做出积极的反应，公司将吸引更多的投资，降低交易成本。从外部投资者角度考虑，公司信息披露质量的提高也会降低投资者的预计风险，消除由此产生的风险溢价，从而增加公司的资金筹集，减少融资成本，最终能够提高公司价值。

第三，信息披露质量的提高需要政府监管作为保证。缺乏必要的监管会影响信息披露的可靠性和相关性等，导致资本市场的混乱。1929 年经济危机和安然等公司造假案件就是很好的反面素材，也说明信息披露质量对资本市场的影响非同小可。为了维护资本市场的健康发展，美国监管当局将重点放在信息披露方面。监管机构通过对上市公司公布的信息资料进行监督和审查，促使它们按照相关的要求如实地反映其经营状况等，确保投资者能够获得真实、全面和有效的信息，避免上市公司出现虚假陈述、误导性以及重大遗漏的信息披露，最大程度地缩小上市公司信息供给和投资者信息需求之间的差距，保障债权人和中小股东等外部投资者公平获取信息的权利，维护他们的权益，同时也会使他们对资本市场充满信心，更好地发挥资本市场对国民经济的促进功能。

1.2　相关概念

1.2.1　信息披露质量

信息披露是指上市公司以招股说明书、上市公告书及定期报告和临时报告等形式，把公司的相关信息向投资者和社会公众公开披露的过程，以维护投资者权益和资本市场运行秩序。上市公司信息披露的体系主要包括首次披露、定期报告和临时公告。首次披露主要由招股说明书和上市公告书组成，定期报告包括年度报告和中期报告，临时报告主要包括重大事件公告、公司收购公告、配股公告书和其他披露等。这在一定程度上只是强制信息披露的要求，并没有包括自愿性披露的相关内容。Healy 和 Palepu（2001）指出，公司受到监管的财务报告信息，包括财务报表及附注、管理层讨论和分析以及其他一些合规的形式。除此之外，公司还应该进行一些自愿性的沟通，如管理层预测、证券分析师的预测等相关内容。这一观点比较全面，完整表达了现行信息披露的各种可能形式。

何为质量？可谓仁者见仁，智者见智。从物理角度来看，质量是物体所含物质的量，体现的是一种性质。就产品而言，质量又存在狭义和广义之分，狭义的质量是指仅从社会或者用户等角度去加以解释和定义。日本著名管理学家田口玄一认为，质量是产品上市后给社会所造成的损失，造成损失越小的产品，质量越高；著名的管理学家朱兰将其定义为一种适用性（fitness for use），强调质量是以满足用户需求为目的；国际标准化组织从制造者的角度考察，认为质量是反映实体满足明确和隐含需要能力的特性总和。广义的质量则综合考虑用户、社会和制造者等方面的内容。与有形产品相似，上市公司的信息披露是投资者、债权人等利益相关者决策的依据，高质量的信息披露极大避免了决策的失误，进而正确地引导市场中资金的流向，使得业绩优、前景好的公司不会因资金短缺而影响其发展，那些业绩较差的公司则因资金短缺退出市场，从而实现资源有效配置。与有形产品不同的是，信息披露质量具有很强的抽象性。为了更好地对上市公司的信息披露质量进行评价，证券交易所颁布了一定的考核办法，目前在国内影响力较大的是深圳证券交易所的信息披露质量考评指标。

深圳证券交易所（以下简称深交所）主要从真实性、准确性、完整性、及时性、合法合规性和公平性六个方面进行考核，并根据事后审核情况作相应调整。真实性方面主要考核公告文稿是否以客观事实或具有事实基础的判断和意见为依据，是否如实反映客观情况，是否存在虚假记载和不实陈述；准确性方面主要考核公告文稿是否出现关键文字或数字错误，错误的影响程度，是否简洁、清晰、明了，以及是否存在歧义、误导性陈述；完整性方面主要考核提供文件是否齐备，公告格式是否符合要求，内容是否完整，是否存在重大遗漏；及时性方面主要考核是否按预约时间披露定期报告以及在法定时间内披露定期报告、业绩快报，是否按照规定的临时报告信息披露时限及时向交易所报告并披露；合法合规性方面主要考核公告事项及其程序是否符合法律、法规和交易所相关业务规则的规定；公平性方面主要考核公告事项是否存在提前向特定对象单独披露、透露或泄露的情形，披露前公司股票交易是否出现异常以及指定媒体之外的其他公共媒体是否出现相关报道或传闻。将评价结果“优秀”“良好”“及格”和“不及格”四个等级在网站的诚信档案中公布，并对“不及格”“及格”的上市公司采取一定的整改措施。可见，深交所的考核范围包括强制性披露和自愿性披露，同时考核的内容包括财务信息和非财务信息的情况。这种权威机构的考评结果能够比较全面地反映上市公司信息披露的整体质量。

本书并不研究上市公司的信息披露范围，而是研究信息披露整体质量。在规范分析时主要关注质量的特征，而在实证分析时主要采用深交所的考评结果，检验对债权人和中小股东保护的有效性。

1.2.2　投资者保护

传统的财务理论一直关注于企业的融资结构，致力于探索出企业在一定规模下实现资本成本达到最小化的股权和债权组合比例。因此，股权和债权是主要的融资方式，股东和债权人也就成为主要的投资者。在股权集中的公司中，股东又可以分为控股股东和中小股东。控股股东是指那些可以直接或间接参与公司的经营决策，甚至能够左右决策制定的自然人和法人。中小股东则是在公司出资比例仅占少数，不能影响投资决策的自然人和法人，他们主要以通过购买上市公司的股票获得股息和资本利得为目的。债权人主要是那些对企业提供需偿还的融资的机构和个人，就我国目前的金融体系来看，银行是主要的债权人，他们将资金贷给公司，按照合同的相关约定收回本金和利息。两者的相同之处在于不直接参与公司的经营管理，所获取的信息都是依靠公司披露，并据此进行决策。债权人需要考虑贷款的金额、利率、期限等情况，中小股东则要判断何时买入和卖出股票。相比而言，控股股东往往利用手中的控制权谋取私有收益。研究发现，控股权转移价格可能会高于非控股权转移价格。为了更好获得控制权收益，控股股东一般会采用隐蔽的手段，没有动力用以提高信息披露质量。对债权人和中小投资者而言，信息披露质量的高低则对他们的决策有很大的影响，影响到他们决策的有用性。较低的信息披露质量增加了投资风险，可能会遭受内部人掠夺，所以提高信息披露水平可以保护债权人和中小股东的权益，增加他们的投资信心，增强投资热情，也可避免公司因出现融资约束而影响正常的生产经营，同时也能及时地将储蓄转化为投资，促进资本积累，有利于金融市场的发展。规范好上市公司信息披露质量可以更好地保障债权人和中小股东的知情权，以便做出正确的投资决策。因此，本书将投资者界定为债权人和中小股东。保护投资者即保护债权人和中小股东的利益。

1.2.3 经济后果

经济后果由斯蒂芬·泽夫（Stephen Zeff）在 1978 年所著的论文《“经济后果”的产生》中提出，会计报告对企业、政府和债权人决策行为的影响，实质是指会计报告影响管理层和其他人的实际决策，而非仅仅反映决策结果。传统的观点认为只要会计政策的变动不改变公司现金流量，那么就不会影响公司的价值，但对这一问题的讨论却改变了人们对会计的认识。后来斯科特指出不论有效市场理论的含义如何，会计政策的选择会影响公司的价值，所以会计可能会给一定的利益相关者带来不同的经济后果。究其原因，企业是一系列契约的集合体，会计信息影响着契约的签订和执行等，不同的会计数字会有着不同的经济含义。瓦茨和齐默尔曼（1986）提出了实证会计的三大假说：管理层薪酬假说、债务契约假说和政治成本假说。例如，管理层薪酬的考核基本上依据公司的盈利水平，他们有动机选择提高盈余的会计政策以最大化其效用；债务契约主要保障债权人能够按期收回本金和利息，通常会规定利息保障倍数、权益负债率等指标来维护他们的权益。如果公司可能违反这些规定，管理层会变更会计政策以提高盈余，减少违约风险；处于政府管制或者垄断中的公司受到社会大众的广泛关注，其盈利能力越高，就越意味着可能存在过高的收费，这会导致政府对其开征新税或者实施其他的管制削减他们的利润。因此，管理层有动机选择降低利润的会计政策，那么选择不同的会计政策用以改变公司盈利水平会有不同的经济后果也就不足为怪了。

本书主要研究公司信息披露质量对利益相关者的影响，具体而言，即研究信息披露质量如何影响债权人的信贷决策，以及如何保护中小股东的利益，保证他们获得应有的剩余索取权。

1.3　研究方法和主要内容

1.3.1　研究方法

本书采用规范分析和实证检验相结合的研究方法，两种方法各有特点，能够从不同的角度进行论证。

第一，规范分析注重逻辑推理和归纳总结，通过规范方法对信息披露质量的理论分析，对国内外相关文献的梳理，强调信息披露的重要意义、目标以及内涵等，为实证研究进行理论铺垫；在实证研究过程中，对预期的研究假说进行严密的理论推导，增强实证研究的说服力和可信性。书的最后提出相关建议。

第二，实证研究为理论分析提供进一步的经验证据支持，分别从债权人和中小股东保护两个方面考虑相关的因素深入研究分析，收集相关数据，采用描述性统计、T 检验、Z 检验、多元回归和 Logistic 回归等方法进行实证检验分析，通过对数据的严格分析得出可靠的结果。

第三，在实证分析中，为了深入地考察信息披露对债权人和中小股东的影响，本书分别从实际控制人性质、制度环境、事务所选择以及股利支付率等视角实证展开分析，使得研究结论以及相关建议更具有针对性。

1.3.2　研究思路

本书主要研究了上市公司信息披露质量的经济后果，运用了规范分析和实证研究相结合的研究方法。首先运用规范分析方法对信息论和文献进行梳理，借鉴国内外研究成果，基于投资者保护的目标分析了信息披露质量特征；在代理理论的指导下运用实证方法研究了信息披露质量对保护外部投资者的作用。全书共分为 6 章，具体内容如下：

第 1 章是引言，主要阐述了对上市公司信息披露质量经济后果研究的动机及意义，归纳了本书研究的主要内容、思路与方法以及主要的贡献等。

第 2 章是理论基础和文献回顾：首先介绍信息披露质量的理论基础——信息论，然后对现有研究信息披露质量经济后果的文献进行梳理，从股票的流动性、资本成本和分析师行为三个角度予以介绍。

第 3 章是信息披露质量的理论分析：首先阐述信息披露的微观与宏观意义，然后分析两种信息披露的目标——用户需求观和投资者保护观，根据我国实际情况做出的现实选择；接着分析信息披露质量的内涵，以目标为导向构建我国上市信息披露质量的框架，将其分为财务报表内容质量和财务报表外披露质量；最后介绍对信息披露质量的度量，为下文的实证研究奠定基础。

第 4 章是信息披露质量与债权人保护的实证分析，主要考察信息披露质量对债权人保护的作用，先介绍研究背景，然后提出研究的问题，在此基础上发展研究假说，并分别从制度环境、所有权结构、债务期限结构等方面进一步考察信息披露质量与债务融资之间的关系，在此基础进行实证检验，得出研究结论。

第 5 章是信息披露质量与中小股东保护的实证分析，主要考察信息披露质量对保护中小投资者的作用，先介绍研究背景，然后提出研究的问题，在此基础上发展研究假说，并进行实证检验，主要研究信息披露质量与控股股东资金占用以及现金股利支付率的关系，从公司价值、事务所选择的视角做进一步研究，最后得出研究结论。

第 6 章是政策建议与未来研究方向，阐述建议、研究局限与未来研究方向。

本书框架如图 1 – 1 所示。

1.4　主要贡献

信息披露是连接上市公司和资本市场的桥梁与纽带，高质量的信息披露可以降低证券发行与交易过程中的信息不对称，节约交易成本，避免投资前的“逆向选择”，以及抑制投资后“内部人控制”“道德风险”等机会主义行为。然而，现有研究文献基于投资者保护的视角进行信息披露质量的研究

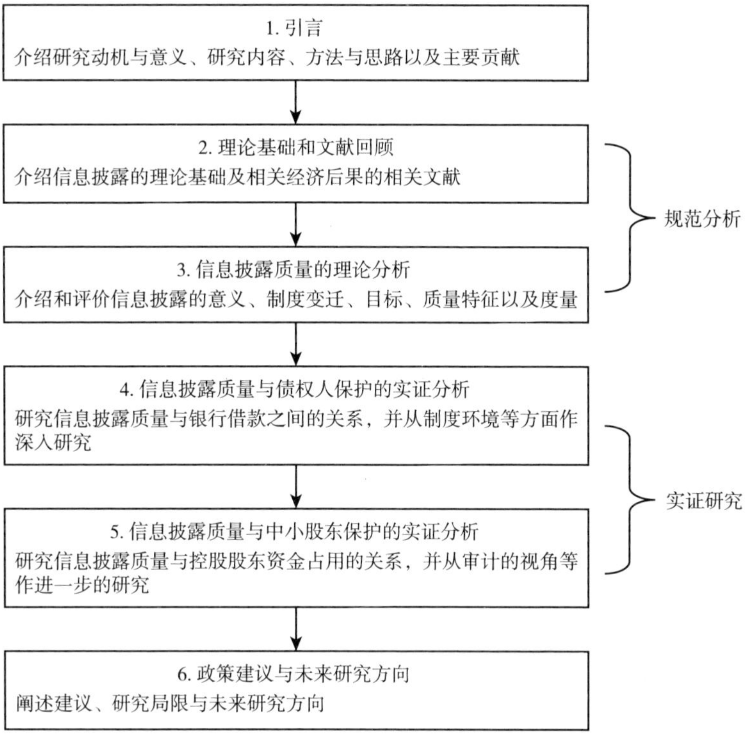

图 1－1　研究框架

相对较少，比较零散，缺乏体系，不能引起相关部门的高度关注，对相关理论的分析也有待深入。本书试图从以上两个方面进行突破，具体而言，有以下四方面的贡献：

第一，将信息论作为信息披露的理论基础。信息论的研究对象是通信过程，最高层次解决的是如何有效影响使用者行为的问题。这与信息披露质量的经济后果有异曲同工之义。因此，本书运用信息论理论深入分析信息披露的结果。

第二，借鉴和吸收相关的研究成果，深入分析上市公司信息披露质量，在此基础上构建信息披露质量框架。框架的构建往往都遵循目标导向，就我国目前资本市场发展的实际情况而言，投资者保护观要比用户需求观更为合适，然后基于投资者保护的信息披露质量按照是否满足确认条件将其代入两分法，即关注财务报表内容质量和财务报表外披露质量，并分别根据不同的特性阐述相应的质量要求。

第三，投资者保护是资本市场研究的热点，大多文献借鉴了 LLSV 的研究成果，从法律、金融等视角研究了投资者保护的问题，事实上信息披露是保护投资者利益的有效制度之一，但缺乏系统性的研究。本书以代理理论为指导并结合我国“一股独大”的特殊制度背景，深入分析信息披露在解决控股股东和债权人与中小股东之间代理冲突中的作用。

第四，现有文献对信息披露质量经济后果的研究大多集中在资本市场领域，如股票流动性、资本成本等，而契约视角的实证研究却凤毛麟角。为此，本书采用静态和动态的分析方法，不但从微观视角考虑了信息披露质量对银行信贷的影响，而且从所有权性质和制度环境等宏观方面做了深入的考察，为经济后果的研究提供了新的视角。

2.

理论基础和文献回顾

在资本市场中，上市公司是信息的主要供应者，外部投资者是主要的需求者，信息披露在他们之间起到了媒介作用，从而成为一项基本制度，是资本市场存在和发展的基石。因此，良好的信息披露制度是资本市场健康发展的重要前提，一旦信息披露问题不能很好地解决，虚假信息必将充斥着资本市场，扰乱资本市场运行秩序，降低市场在资源配置中的作用，最终会阻碍经济的发展。美国在 1929 年发生的经济危机很大程度是由信息披露监管不力造成的，此后监管当局颁布了相关的法律法规进行完善，为美国经济数十年的繁荣打下了坚实的基础，从反面说明了信息披露对资本市场的重要性。这已引起学者们的研究兴趣，早在 1968 年，实证会计的开山鼻祖鲍尔和布朗研究了市场对会计盈余披露的反应来检验其有用性，Beaver 等（1979）考察各组合会计盈余披露的变化与股价变动的数量关系，发现两者具有显著的正相关关系。之后的研究者主要从信息观和计量观两个视角考察了会计信息披露的市场反应，前者是在较短的时间窗口来考察会计信息的披露是否有助于投资者对于公司价值预期的修正，是否向市场提供了新的信息，后者则是在较长的时间窗口内来看股票的投资回报或价格是否与会计信息之间存在稳定的相关关系，会计信息是否能够对于股票报酬与价格的高低提供足够的解释力（汤云为、陆建桥，1998）。我国学者也检验了市场对会计盈余披露的反应，都发现会计盈余的披露具有显著的价格和交易量效应（赵宇龙，1998；赵宇龙，1999；陈晓、陈小悦和刘钊，1999）。实证研究的结论为准则制定提供了经验证据。1978 年美国财务会计准则委员会（FASB）在《企业编制财务报告的目的》中指出财务报告应为现有和潜在的投资者和其他用户提供有用的信息以便做出合理的决策。国际会计理事会（IASB）于2005年在财务概念框架中规定：财务报表的目标是为广泛的使用者提供有助于其经济决策的关于企业财务状况、经营业绩和财务状况变动的信息。我国在2006年颁布的《企业会计准则》规定：向财务报告使用者提供与企业财务状况、经营成果和现金流量等相关的会计信息，反映企业管理层受托责任履行情况，有助于财务报告使用者做出经济决策。

就现有成果来看，信息披露的实证研究大致分为两类，即影响因素研究和经济后果研究。本书主要考察信息披露质量的经济后果研究，所以就对与此相关的国内外现有文献进行回顾与分析，主要从股票的流动性、公司的资本成本以及财务分析师跟踪度三个视角进行。在此之前，首先介绍信息披露的理论基础。

2.1 理论基础——信息论

信息论（Information Theory）是由美国数学家申农（C. E. Shannon）于1948年出版的《通讯的数学理论》提出，主要研究的是通信过程。通信的定义是“一个人的思想可以借以影响另一个人思想的一切过程和步骤”（Shannon和Wiener，1948）。这一定义与管理含义极为相近。管理的基本含义是设法要他人实现管理者要达到的目标。从工程学的角度看，一个通信系统是由信源、发送器、信道、接受器和终端组成的有机体系（具体见图2-1）。

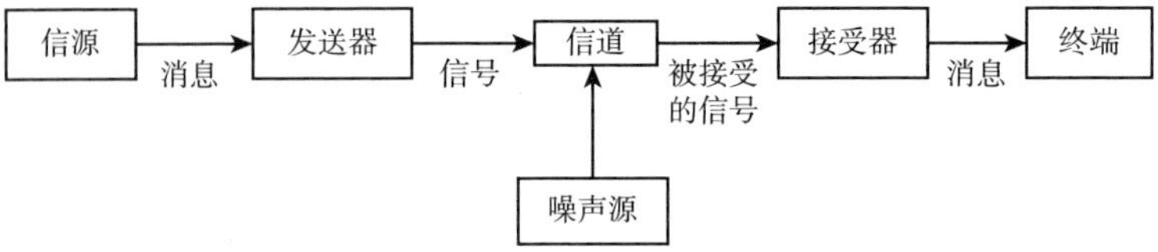

图2-1 通信系统

信源是指从一批可能的消息中选择出一个所需要的消息；发送器将消息转变为可以传输到接受器的通信信号；信号能够反映或表示信息的传输载

体；信道是传送信号的媒质；噪声是指那些能使接被传送的信号发生改变的东西；接受器是把传输的信号转化为信息，并将这个消息传递给终端，供其使用等。它们构成了消息的产生、获取、变换、传输、转换和使用过程的部分。对上市公司的信息披露而言，这一通信过程同样也适用。上市公司对所产生的信息进行一定的选择，确定哪些需要对外披露，然后通过一定的规则将信息转化为信号并进行传输，最后将信号还原为信息，供使用者决策所用。

如何将信息从信源到终端进行有效的传输呢？通信过程需要解决三个层次的基本问题：第一层次属于技术问题，即解决通信的信号如何精确地传送；第二层次属于语义问题，解决被传送的信号如何精确地载荷所要表达的意义；第三层次也是通信的最终目的，解决的是效用问题，即被接收的意义如何有效地影响行为，并使之按所要求的方式精准地传达到位。这三个层次在会计管理上都有所体现。我国著名的会计学家王世定教授指出它们分别是指会计技术、会计准则和会计的“过程控制”。会计技术是指对相关的经济业务采用的一系列会计技术方法，如账户设置、复式记账和报表编制等；会计准则是会计对象处理时所运用的确认、计量和报告等规则，用以规范和理解生成的信息。确认从质方面解决了“是什么”“何时是”的问题，计量从量上回答了“是多少”的问题，因而确认和计量就从质和量的结合上反映了一项经济业务的实质。报告则是以恰当的形式汇总确认和计量的结果，目的是使信息使用者根据会计准则的标准理解所要表达的含义，进行影响他们的思想和行为。可见，披露式报告是会计信息传递的外部接口，即使确认、计量严格按会计准则要求去做，如果披露的环节偏离会计准则，那传递的仍是歪曲的信息，其后果也就可想而知了。“过程控制”是指会计对社会再生产过程的控制。所谓控制、管理和监督其实在语义上并无本质的差别，都是观察、对比并纠正某些行为的过程，旨在更好地实现管理者要达到的目标。综上所述，以信息论为基础，把会计定义为一种管理活动，形成会计管理的概念也就顺理成章了。

管理活动论认为会计不是身外之物，而是由人直接参加的，按照预定目标管理控制再生产过程的一种实践活动。从事活动的实践主体是有意识、有创造性的人，客体是再生产过程。从两者的关系来看，这种管理活动既与生产力有关系，又与生产关系相联系，同时还与上层建筑有着一定的联系，如会计法、证券法等，所以会计具有技术性和社会性的双重属性。就其职能而言，会计强调的是反映和控制，两者并不存在主次之分，是辩证统一的。反映是控制的基础，否则控制就会失去基础，它的强度和方向也就无法确定，从而无法达到有效的控制目的；控制是反映的目的，没有控制；反映就失去了目标和意义。相比而言，信息披露的范围比较宽泛，其核心仍是会计信息，不妨理解为：信息披露是公司在相关披露规则的约束下所从事的一种向外界传递信号的工作，旨在影响使用者决策的过程，同样是一种管理活动。

上述三个层次解决了信息传递过程中的相关问题，是否真正能够做到精确或者近似的复制则需要用质量进行度量。从信息披露过程来看，影响其质量的因素主要发生在以下几个方面：一是挑选信息环节。公司对外披露的时候可能会出于某些目的对信息做出一定的选择，导致信息披露不充分。二是编码环节，它发生在发送器将信息转化为信号的过程中，如果信号能够准确地表达信息的内容，说明信息在传输过程中较好地实现了编码工作，反之则会出现信息失真。信息披露在编码的过程中主要按照相关的规则进行转化，如会计准则等。但这也只是必要条件，还需要关注编码过程的主体——公司的管理者以及会计人员等。只有主体能够较好地遵守规则并按照相关的规定进行处理才能够顺利地实现编码过程。因此，在完善相关规定的同时，还应加强公司治理结构的建设，杜绝盈余操纵行为，保证公司发出的信号准确地表达了信息的内容。三是信道，与电话等通信过程不同，信息披露主要采用的是财务报表等形式，媒介的不同也带来相关问题。公司将所发生的经济事项事无巨细地进行披露，这并非好事，不仅增加了公司的披露成本和使用者的信息收集成本，而且影响决策的效率。相反，如果公司对外披露不足，使用者则不能清楚地了解经济业务，很容易造成决策失误。因此，如何适度地对外披露也是影响信息披露质量的重要因素。四是解码环节，使用者如何准确地将信号还原成信息，这与他们自身对相关规则的理解程度密切相关。综上所述，为了提高信息披露质量，需要加强公司治理结构建设、完善相关的规则、提高会计人员的业务水平以及解决恰当披露的问题，否则无法真正满足高质量的要求。

除了技术和语义问题外，通信过程研究的最高层次是效用问题，即对终端行为的影响。信息披露也有这样的效果，能够影响使用者的决策。上市公司因经营权和所有权的分离造成严重的信息不对称，信息披露成为股东和债权人等进行决策的主要依据。股东根据公司所披露的信息进行估值，确定买入和卖出股票的种类和时间等，以获取更大的投资收益；债权人也根据披露的信息考察公司的经营状况和成果，以了解其偿债能力，进而做出信贷决策，即贷款数额、利息、期限以及是否需要担保等。因此，高质量的信息披露是保证决策有效性的重要基础。相反，一旦公司所披露的信息质量水平较低，人们仍然据此进行判断、决策，轻则不能获得收益，重则血本无归。如果出现这种情况的只是某一家公司，那么仅有很少的投资者利益受损，但信息失真的后果并非仅限于此，它还会影响到资本市场的社会资本流向和流量，进而对一国和一个地区的宏观经济产生影响。

作为信息披露的供给者，同时也是资金的需求者，上市公司可以通过提高披露质量向外界传递良好的信号，展示其较好的发展前景，吸引更多的投资者，有助于降低融资成本，反之则不然。投资者不能准确地进行区别判断，而是按照估计的平均水平买卖股票，其后果是那些资金需求强烈且业绩优的公司因不能筹集到所需的资金而错失了发展机会，而那些不存在资金需求且业绩差的公司却可能会出现资金闲置或浪费。这导致社会资金利用效率的低下，没能有效地实现资金从业绩差的公司退出而流向业绩优的公司，极大地削弱了市场的优胜劣汰原则，也是造成投资者权益得不到保障的重要原因。

本书研究的是信息披露质量的效用问题，即经济后果，重点是从中小股东和债权人角度考察信息披露对他们的影响，即运用实证方法检验提高信息披露质量有助于债权人和中小股东的保护，从而为信息论的理论分析提供支持性的经验证据。

2.2 信息披露质量的经济后果

信息披露一方面可以为上市公司树立起诚信的形象，赢得良好的声誉，减少融资的成本以及提高市场竞争力，另一方面作为保护投资者的一种有效机制，既可以减少债权人错误的信贷，也可以保护中小股东的利益，从而防范金融风险，促进资本市场的繁荣，提高资源配置和使用效率，推动实体经济的可持续发展。Healy 和 Palepu（2001）概括了信息披露的三种资本市场效应：提高股票在资本市场的流动性、降低企业的资本成本和增加财务分析师对企业的跟踪度。通过对文献回顾与分析，可发现现有研究存在的问题并找到研究的方向。

2.2.1 股票流动性的提高

市场上存在的信息不对称影响了市场运行的功能，增加了信息搜集的成本，处于信息弱势的投资者往往利用价格保护以避免逆向选择，从而降低了双方自愿交易的程度，降低了市场流动性，信息披露则可以缓解这一问题，信息披露质量越高越能够帮助投资者制定投资决策。对于上市公司而言，高质量的信息披露可以减少投资不确定性，提高股票的流动性，并能够降低交易成本。

（1）国外研究成果

Diamond 和 Verrecchia（1991）通过模型证明了信息披露与资本成本的关系，认为提示公开信息披露可以降低信息不对称程度，增加投资者的需求，提高证券市场的流动性，降低公司资本成本，激励大公司披露更多的信息。他们还指出，信息披露能够降低投资者之间的信息不对称程度。因此，对于信息披露水平高的公司而言，投资者更有信心认为股票交易是按照公平价格，最终能增强公司股票的流动性。

Welker（1995）首先进行了相关实证检验，使用了买卖价差来表示流动性，发现排在信息披露质量后三名的公司要比排在前三名的公司买卖价差高出约 50%，认为内在的信息披露政策揭示了披露政策和买卖价差之间的负相关关系，在控制了报酬的波动率、交易量等相关因素后仍然成立。这一研究表明，一个好的披露政策可以减少信息不对称，降低买卖价差，有助于提高股票的流动性。

Baiman 和 Verrecchia（1996）通过建立模型将市场流动需求、披露的最优水平、资本成本、代理成本和内部人交易联系起来，并进行实证分析，研究发现，财务信息披露依赖于资本市场的流动性，更多的披露会增加股票的流动性，降低资本成本。

Gelb 和 Zarowin（2000）用投资研究及管理专业协会——金融分析师联盟（AIMR－FAF）年度表示信息披露质量，将价格的信息含量用当期的股票收益和未来盈余变化的关系来替代，运用 Collins、Kothari、Shanken 和 Sloan（1994）的模型进行多元回归，发现信息披露质量越高，则信息含量越高（更高的未来盈利反应系数），即与信息披露评级低的公司相比，评级高的公司的股票价格与现在以及未来收益具有更高的相关性，表明更高质量的信息披露有助于资本市场的发展。

Leuz 和 Verrecchia（2000）选取了从德国的一般公认会计原则（GAAP）转换到国际会计准则（IAS）或美国 GAAP 的德国公司为研究样本，这种国际化的报告战略要求提高信息披露的水平，发现这些公司的股票买卖价差减少，交易量升高，在控制相关变量后仍成立，但未发现股票价格波动的减少。

Heflin、Shaw 和 Wild（2001）选取 1988—1989 年的 303 家公司为研究样本进行了实证检验，研究发现进行高质量信息披露的公司具有更低的买卖价差和逆向选择价差，同时还发现，信息披露质量更高的公司拥有更低的报价深度（quoted depth），表明高质量的信息披露能够解决交易者间的信息不对称，提高公司的流动性，增加交易者在合理的价格上有效地实施股票交易的能力。

Brown 和 Hillegeist（2003）以知情交易概率（PIN）衡量信息不对称的程度，采用三阶段最小二乘回归法控制内在性。研究发现，公司整体披露质量与信息不对称程度存在负相关关系，使用整体信息三个主要成分（年度、季度和投资者关系）进行回归时，上述关系仍成立。进一步研究发现，这种负向关系潜在来源于信息披露质量与拥有私人信息投资者交易的负相关联系。

Schrand 和 Verrecchia（2004）发现在 IPO 之前更多的信息披露将有更低折价，在 IPO 以后，信息披露仍与信息不对称的替代变量存在显著的负相关关系，包括买卖价差。

（2）国内研究成果

相对国外的研究而言，国内的研究虽相对较晚，但研究成果比较丰富。

陈晓和陈淑燕（2001）从交易量的视角研究了信息披露的效果，研究发现股票市场对信息披露的反应是显著的，但未发现超常交易量与信息披露的显著关系，说明投资者的信息存在着不对称、不均匀分布的迹象，我国资本市场的效率距离西方成熟的资本市场还有一段差距。

杨之曙和姚松瑶（2004）研究了沪市买卖价差和信息性交易的关系，发现成交活跃的股票的信息性风险低于交易清淡的股票的信息性风险，通过回归分析进一步发现，信息性交易概率的差异可以解释成交活跃和清淡的股票之间买卖价差的差异。

董锋和韩立岩（2006）基于我国股市信息披露规则发生变化的背景，以深圳 A 股上市公司数据为研究样本。实证结果表明，透明度的提高使得市场的流动性上升，交易成本和市场的波动性则显著下降，市场信息传递的效率也有所提高。总之，透明度的提高显著改善了股票市场的整体质量。

张程睿和王华（2007）选取了深交所考评“不及格”和“优秀”等级的公司、沪深违规信息披露公司及其配对公司，两组样本检验结果都表明，市场知情者利用低透明公司的信息严重不对称进行股票炒作，而广大中小投资者所代表的不知情者则有较为明显的“跟风现象”，投机氛围重。以市场风险、买卖价差等指标的检验结果表明，投资者在“跟风”严重的情况下也考虑了低透明度公司的风险问题及其相应的补偿，这意味着信息透明度在一定程度上影响了投资者对所选股票的定价。

陈千里（2007）以深交所 A 股上市公司为样本，基于分笔高频交易数据检验了反映信息披露质量的市场宽度和市场深度，采用稳健的非线性两阶段最小二乘法进行实证检验，发现公司高质量的信息披露能有效提高其股票的市场流动性，这种影响主要是通过缩小市场宽度而非市场深度体现。利用市场微观结构的价差分解方法后发现，高质量的信息披露提高市场流动性的机制在于有效减轻市场上信息不对称程度。

巫升柱（2007）基于中国上市公司年度报告自愿披露水平进行了实证检验，发现从静态来看，年度自愿信息披露水平对股票流动性存在显著的正向相关；从动态来看，自愿披露水平的正向变动具有流动性信息含量，负向变动则没有，原因是多方面的，其中不能排除市场上存在基于内幕信息交易的因素。

吴战篪、乔楠和余杰（2008）以价量结合的修正马丁系数作为市场流动性的衡量变量，发现信息披露优秀与信息披露糟糕的公司，信息披露的前后流动性发生了较为显著的变化；通过比较不同信息披露质量公司之间的流动性进一步发现，信息披露越充分，则市场流动性越好，市场会通过流动性奖励信息披露好的公司。

也有学者从价值相关性的角度考察信息披露的质量，股票流动性的增强导致其买卖价差较小，降低了股价波动的幅度，更多地表现为较高的股票报酬率，从而能够提高会计盈余的价值相关性。

方军雄和洪剑峭（2005）研究发现，提高信息披露透明度能够显著地改善会计盈余的价值相关性，说明提高信息披露透明度能够显著改善盈余报告的质量，从以基金代表的熟练投资者来看，透明度越高，基金越可能做出积极的反应（如增加持股数、更多的基金关注等）。齐伟山和欧阳令南（2005）使用深交所对上市公司信息披露水平的考评数据检验了信息披露质量对会计信息价值相关性的影响情况。从整体来看，高质量的会计信息披露有助于提高会计信息的价值相关性，并且收益模型和价格模型所获得的结果基本一致，为强化和提高上市公司信息披露质量提供了支持证据。陈继云（2007）发现公司透明度越高，上市公司的股票报酬越高，表明市场更加认同透明度高的公司；透明度的提高也可以在一定程度上改善会计信息的价值相关性，印证了提高公司透明度可以减少公司、投资者等相关利益主体之间的不对称。

2.2.2 资本成本的降低

信息披露质量与公司资本成本的关系是近年来研究的重点领域之一，这是因为信息披露质量与信息不对称程度和投资者风险预测之间的关系。一些学者（如 Diamond 和 Verricchia，1991）认为，信息披露水平的提高能有效地降低不同投资者之间的信息不对称程度，降低交易成本，增加公司股票的流动性，进而导致资本成本的降低；另外一些学者，如 Clarkson（1996），认为提高公司信息披露质量有助于提高投资者对公司财务参数估计的准确度，降低股票回报率的预测风险，也可以降低公司的资本成本。

（1）国外研究成果

Botosan（1997）首先对信息披露质量与资本成本之间的关系进行了开创性的研究。她用年报中自愿性披露的数量构建信息披露指数，以美国1990年122家制造业企业为研究对象，发现对于那些分析师跟踪较少的公司而言，信息披露越高的公司，其权益成本越低；在控制了影响资本成本的β值、公司规模后，每一单位差别的信息披露大约会有28基准点的权益成本差别；但对于那些分析师跟踪较多的公司却没有发现类似的证据。可能的原因是当分析师跟踪较多时，自行设计的计量指标只考虑了年报信息披露而不能够反映信息披露的水平。

Sengupat（1998）研究了信息披露质量与债务成本的关系，用财务分析师联盟（FAF）对公司信息披露的评分衡量信息披露质量，用债务到期收益率和总利息成本衡量债务成本，发现在控制了相关变量后，信息披露质量与债务成本呈显著的负相关关系，而这种关系对具有市场不确定性的企业而言会有所加强。

Lang和Lundholm（2000）以权益再融资上市公司为研究样本检验了信息披露质量活动及其对股票价格的影响，发现在权益发行之前，公司披露得越多越容易引起股票价格上涨；信息披露的改善往往暗示公司以较低的成本发行债券。

Botasan（2000）进一步检验了披露水平与权益融资成本之间的关系，对于那些分析师跟踪较少的公司而言，信息披露质量上升1单位，其权益成本将减少9个百分点。进一步分析发现，这得益于前瞻性信息（如销售、利润和资本支出的预测信息）和重要的非财务信息（年报和季报等）。

Richardon和Welker（2001）采用加拿大管理会计师协会编制的披露指数和GLS模型，对1990年至1992年700家加拿大上市公司进行实证检验，发现提高信息披露水平能够降低权益资本成本，但社会责任披露水平与资本成本呈正相关关系。

Hail（2002）和Zurich（2002）基于瑞士公司复制了Botosan（1997）的研究方法，以瑞士银行机构设计的披露指数衡量公司的信息披露，选择强制性披露较少而自主披露较多的瑞士交易所上市公司为样本，发现信息披露质量与权益资本成本之间存在显著的负相关关系。

Botosan 和 Plumlee（2002）在 1997 年的研究基础上，选取 1985—1996 年 3 618 家跨行业公司为样本，研究了 3 种不同类型的信息披露（年报、季报与其他公告、投资者关系）与权益资本成本之间的关系，结果发现在控制市场 β 值和公司规模后，年报信息披露水平可以降低权益资本成本，披露最多与披露最少的公司相比，权益成本相差约 0.7 个百分点。权益资本成本与及时信息披露水平正相关，提供季报和其他公告最多与最少的公司相比，权益成本高出 1.3 个百分点。这与理论相违背，但与经理人员宣称“及时披露可能通过增加股票价格的波动性提高了权益的资本成本”的结论相一致。此外，权益成本与投资者关系活动水平无关。

Francis 等（2004）选取了 1975—2001 年美国的上市公司为研究对象，发现在控制了β系数、公司规模和账面市值比等相关变量后，信息披露质量越差的公司股权融资成本越高。

Jennifer Francis、Nanda 和 Olsson（2007）研究了自愿信息披露、盈余质量和资本成本，在无条件检验中发现更多的信息披露与更低的资本成本相联系，但是一旦控制盈余质量，信息披露对资本成本的作用会大幅减少，甚至完全消失。

上述研究的重点是信息披露数量，而 Bhattacharya、Daouk 和 Welker（2003）专门构建了衡量盈余不透明程度（earnings opacity）的三维指标体系，具体包括盈余激进度（earnings aggressiveness）、损失规避度（loss avoidance）和盈余平滑度（earnings smoothing），并选取了 1984—1998 年的面板数据对 34 个国家的会计盈余不透明程度进行实证分析，发现在 20 世纪 90 年代后总体盈余的不透明度逐渐下降；在控制了相关影响因素后，一个国家盈余不透明度增加会导致其股票市场的交易量降低，但是对权益资本成本的影响则是混合性的，一些检验表明了盈余不透明度与权益资本成本存在正相关关系，而另一些检验没有发现两者的联系。

（2）国内研究成果

在我国，最早进行相关研究的是汪炜、蒋高峰（2004），他们运用 2002 年前在上海证券交易所（以下简称上交所）上市的 516 家公司数据，将临时公告和季报数量之和作为自愿信息披露水平指数，采用股利折现模型计算样本公司权益资本成本，研究发现控制了公司规模与财务风险等相关变量后，提高信息披露水平能够降低公司的权益资本成本。他们还专门对通信产业进行了检验，发现信息披露对权益资本成本的影响更加显著。

王华和张程睿（2005）实证检验发现投资者与IPO公司之间的信息不对称程度分别与公司IPO筹资直接成本、间接成本及总成本间存在显著正相关关系，结果表明公司IPO前越不透明，就越将承担更高的筹资成本。因此，IPO前提高公司透明度，增加主动披露有利于降低筹资成本。

曾颖和陆正飞（2006）采用剩余收益模型计算上市公司的股权融资成本，分别用总体披露质量与盈余披露质量指标反映上市公司的信息披露质量，发现在控制β系数、公司规模、账面市值比、杠杆率、资产周转率等因素后，信息披露质量较高的样本公司边际股权融资成本较低，说明信息披露质量对其股权融资成本产生积极影响。进一步研究发现，盈余平滑度和披露总体质量是影响样本公司股权融资成本的主要信息披露质量特征，表明我国上市公司的信息披露质量对其股权融资成本产生积极的影响。

黄娟娟和肖珉（2006）以1993—2001年我国证券市场进行股权再融资的上市公司为样本，深入考察了上市公司信息披露质量与公司权益资本成本的关系，结果表明在控制相关影响因素后，上市公司信息披露质量与公司权益资本成本呈显著的负相关关系，提高信息披露的质量有助于降低公司的权益资本成本。进一步研究发现，上市公司权益资本成本不仅受到前一年信息披露质量的影响，还受到前四年信息披露质量的影响。

于富生和张敏（2007）研究了我国上市公司信息披露质量与企业债务成本之间的关系，发现公司的债务成本与信息披露质量之间存在显著的负相关关系，即信息披露质量越高，债务成本越低。企业的市场风险越大，信息披露质量对债务成本的影响程度就越大。

吴文锋、吴冲锋和芮萌（2007）考察了信息披露质量提升组、质量下降组和披露质量不变组的股权资本成本变化情况，结果发现，在控制规模、盈利水平、杠杆率等影响资本成本的因素后，信息披露质量变化并没有影响上市公司的股权资本成本，提高信息披露质量并没有降低资本成本，反之亦然。导致出现这一现象的两个重要原因是我国投资者对信息披露质量的态度和上市公司特殊的股权结构。

晏艳阳、刘弢和彭敏（2008）以深交所2002—2005年数据，运用独立混合横截面和分年度多元回归的实证方法研究发现，信息披露质量对股权融资成本具有滞后效应，提高往年信息披露质量可以显著降低股权融资成本，而当年信息披露质量却不能。进一步考察影响这两者关系的因素，风险较大、垄断性较强的行业以及规模较大、财务水平较高、第一大股东持股比例较小的上市公司更愿意进行信息披露，因为它们能从信息披露中得到的降低股权融资成本的利益较大。

此外，有学者探讨了信息披露与公司价值之间的关系，资本成本的降低有助于提升公司的价值。Bushman 和 Smith（2001）指出财务会计信息可以通过减少逆向选择（adverse selection）和流动风险（liquidity risk）提高企业经济绩效。张宗新、杨飞和袁庆海（2007）直接检验了信息披露质量对于公司绩效的影响，用深交所对上市公司信息披露质量的评级衡量信息披露质量，以 Jensen 指数、净资产收益率、总资产收益率及总资产周转率作为公司绩效代理指标进行了实证检验。研究发现信息披露质量与公司绩效之间存在显著的内在关联性，信息披露质量较高的公司，其市场表现和财务绩效也都较佳。张宗新和朱伟骅（2007）的研究也表明信息披露质量与公司价值存在正相关关系。杜兴强和周泽将（2008）对 Bushman 和 Smith（2001）的理论进行实证研究，以深圳证券交易所对于上市公司信息披露考评的结果作为财务会计信息质量的代理变量，结果表明高质量的财务会计信息可以显著促进企业经济绩效的提高，并且支持了公司治理是财务会计信息影响企业经济绩效的重要途径之一。

2.2.3 财务分析师跟踪度的增加

财务分析师是资本市场重要的组成部分，提供盈利预测、买卖决策等相关信息，可以有效地降低上市公司与投资者之间信息不对称的程度，对提高市场效率起到积极的作用。Barth 和 Hutton（2000）指出分析师跟踪程度高的公司股价比那些跟踪程度低的公司的股票价格能够对应计项目和现金流量做出更快的反应。

Bhushan（1988）首先通过构建模型检验了影响公司分析师跟踪数量的主要因素，指出其数量由分析师服务的需求和供给决定。更多的信息披露则会影响分析师服务的需求。Bhushan（1989）通过截面数据研究发现财务分析师跟踪的数量随着公司的规模、机构持股的数量以及市场报酬的变化而增加。Lang 和 Lundholm（1993）认为，自愿信息披露能够降低分析师获取信息的成本，因而他们能够提供更多的信息。Lang 和 Lundholm（1996）进行了深入研究，发现信息披露越多的公司跟踪的分析师越多，预测的准确性越高，个体分析师预测之间的偏差越小，分析师修正预测的程度越低；进一步指出信息披露的潜在收益包括增加投资者跟踪、减少估计风险以及信息不对称的程度，这些结果都能减少企业的资本成本。他们都认为如果强制要求的信息披露不能把管理者的私有信息完全披露出来，那么自愿性信息披露能够降低分析师获取信息的成本从而增大他们的需求。事实上，信息披露对分析师服务具有双重影响：一方面信息披露能使财务分析师获得有价值的新信息，另一方面信息披露会替代分析师向投资者传递管理层的私有信息。另外，Healy、Hutton 和 Palepu（1999a）检验了公司提高自愿性披露与分析师提高披露等级之间的关系，研究发现分析师对其信息披露级别提高的公司在此前的分析师跟踪低于同行业公司，但随着披露等级的增加，分析师跟踪度与同行业的其他公司处于相同的水平。尽管如此，Healy 和 Palepu（2001）指出自愿信息披露对分析师的需求影响不明确，更多的信息披露可能要求财务分析师提供更多有价值的信息，并且更多的信息披露会弱化分析师在信息传递中的角色，从而降低对分析师的需求。

国内这方面的研究起步较晚且研究成果相对较少，方军雄和洪剑峭（2007）以深圳 A 股市场为研究对象，检验了信息披露质量与分析师预测之间的关系，结果发现分析师的预测准确性显著优于随机游走模型，信息披露透明度越高，分析师预测对会计盈利数据的依赖程度越低，预测准确性也随之提高。李丹蒙（2007）发现在控制了其他因素后，公司透明度对分析师预测人数有显著为正的影响，认为当公司的信息披露程度提高后，或者是带来了分析师预测服务的供给或者是增加了市场对于财务分析师服务的需求。控制了内生性问题后，透明度高的公司吸引了更多的财务分析师关注，而分析师的预测行为对于公司透明度的提高并没有显著的作用，说明对于透明度及披露程度较高的公司，分析师的盈利预测误差明显较低。

2.2.4 文献述评

信息披露的实质是为了缓解资本市场存在的不对称问题，作为市场的主要参与者投资者、信息中介等在一定程度上都会受到信息披露的影响，披露水平影响他们的投资决策等行为，从而会影响资本市场的运行效率。现有文献主要围绕以下三方面展开：提高股票市场的流动性、降低资本成本和增加分析师的跟踪。就研究成果而言，后者相对比较单薄，尽管这个研究方向较早地被引起注意，但可能出于两者相互之间的关系不明确所致，或者因为对它的研究不能很好地挖掘信息披露的重要作用，相比之下，前两者具有很强的优势，更能直接检验和说明信息披露质量的益处——缓解不对称问题。这是个基本问题，具有一定的理论和现实意义，从而吸引了更多的研究人员的关注。股票的流动性和筹资成本是两个较好的研究视角。具体而言，高质量的信息披露一方面使投资者更为清楚地了解被投资单位的真实情况，减少投资不确定性，也在一定程度上降低信息搜集成本，从而提高流动性；另一方面可以降低投资者的估计风险，减少了对风险溢价的补偿，从而降低资本成本。从某种程度上讲，提高股票市场流动性的潜在收益也是为了降低公司的资本成本。股票流动性差意味着买卖价差较大，这是为了弥补投资者的交易成本，进而会增加公司的资本成本，反之亦然。这里的资本成本更多是指股权融资成本。目前有多种方法对其进行估算，如资本资产定价模型、股利折现模型等，这拓宽了研究的视野，更好地剖析信息披露的影响，但同时也增加了计量准确性的争议，不同的计量方法可能结果的差异性较大。对于我国资本市场而言，上市公司具有股权融资的偏好，国外的研究成果和国内的制度环境为我国的相关研究提供了较好的素材。

通过对文献进行系统全面的回顾，可以较好地梳理相关的研究成果，更为重要的是可以发现研究存在的缺陷。我们总结如下：第一，内生性问题，比如信息披露质量高的公司可能也有较高的盈利水平，导致公司管理层对外披露的积极性增加，信息披露质量与资本市场之间的关系可能是由公司盈利所引起的而非信息披露。第二，信息披露质量的衡量，根据不同的研究需要选择不同的指标，实证研究的可重复性有所下降，为了增强对信息披露质量的深入研究，有必要建立统一的权威评价指数，如 AIMR、深交所等提供相对准确的评级指数。第三，权益资本成本的计算。已有研究发现信息披露质量与权益资本成本的关系并未得出一致的结论，可能存在的原因之一就是权益成本计算的准确性，虽然有较多模型用于估算，但是究竟应该使用哪个模型才能提高结果的准确性仍是一个急需解决的问题。第四，过分关注股权融资成本。经典的财务理论认为，资本成本由股权融资成本和债务融资成本组成。现有文献对债务融资的研究相对比较缺乏。

从上可知，信息披露的实质是解决资本市场中因两权分离所产生的不对称问题，处于信息劣势的外部使用者需要通过信息披露缓解不对称的程度。随着上市公司信息披露质量的提高，市场的参与者能够平等地获得相关的信息，提高他们决策的效率，进而有效地保护他们的合法权益。现有文献主要集中在资本市场领域，对企业内部的研究相对较少。事实上按照科斯理论，市场和企业是资源配置的两种途径，只不过交易成本不同而已，所以非常有必要基于企业内部研究信息披露质量的经济后果。

Jensen 和 Meckling（1976）指出，企业是一个契约的集合体，利益相关者需要按照契约的规定享受权利和承担义务。但契约又具有不完备性，不可能准确地描述与交易有关的所有未来状态，也就无法约束具有信息优势的内部人的机会主义行为。在股权集中的国家，契约的不完备性主要体现为控股股东的侵占行为，即控股股东可能会通过操纵信息披露质量来骗取银行信贷以及剥夺中小股东应享有的剩余索取权。因此，提高信息披露质量是保障他们权益的重要方法，既可以使他们真实地了解到控股股东的相关信息，提高决策的有效性，又有助于相关监管部门进行有效的监督。鉴于此，本书基于信息披露质量的视角研究了其对银行债权人以及中小股东的保护程度，一方面可以为研究信息披露质量提供新的视角，丰富相关文献，另一方面也有助于为加强信息披露监管提供理论基础和经验证据，并为相关部门的决策提供参考。

3. 信息披露质量的理论分析

本章主要采用规范研究的方法，从微观和宏观两个视角分析信息披露的意义，梳理信息披露制度的历史变迁，评价信息披露的目标，在此基础上借鉴国内外研究成果并采用两分法构建信息披露质量体系，同时对其如何在实证研究中进行度量进行相关的总结。

3.1 信息披露的意义

信息作为市场效率的核心在资本市场运行中发挥着至关重要的作用，在其生产过程中，信息披露制度一直是市场中最基本的制度安排之一，确保了资本市场的公平、公开和公正，也是解决信息不对称的有效方法，有效保护外部投资者。这就要求作为信息制造者的上市公司必须向所有的市场参与者及时、充分、可靠地进行信息披露，帮助现有和潜在的投资者做出投资、信贷等相关的决策，也能促进资本市场资源配置效率的提高。因此，作者认为有必要从微观和宏观两个层面对信息披露的作用进行梳理。

3.1.1 微观层面

在资本市场日益发达的背景下，公司对市场的依赖程度越来越高，并进行大量的筹资等相关经济活动。为了提高投资者决策的效率，公司需要向他们进行高质量的信息披露。FASB 于 1978 年发表的《论财务会计概念》（SFAC）第一辑《企业编制财务报告的目标》指出，“编制财务报告应为现有和潜在的投资者、信贷者以及其他用户提供有用的信息，以便做出合理的投资、信贷和类似的决策”。IASB 在《编制财务报表的框架》认为“财务报表的目标是为广泛的使用者提供有助于其经济决策的关于企业财务状况、经营业绩和财务状况变动的信息”。我国 2006 年颁布的《企业会计准则》中也明确规定“向财务报告使用者提供与企业财务状况、经营成果和现金流量等有关的会计信息，反映企业管理层受托责任履行情况，有助于财务报告使用者做出经济决策”。显然，帮助投资者决策是准则制定机构强调的重点。

具体而言，投资者根据公司披露的相关信息进行价值评估，权衡投资风险和报酬，以决定是否购买、持有或出售公司的股票。同时，他们还需要信息帮助评估公司的股利支付能力及其政策等；债权人则根据公司的相关信息判断其偿债能力和财务风险，以决定是否放贷、本金收回的期限以及所要求的利息等。在“一股独大”的我国，公司的控股股东，尤其是国有企业，不能像中小股东那样在资本市场不受限制地自由买卖股票。他们需要根据有关的信息披露监督和考核管理层，包括财产的保管和使用责任，评估他们是否忠实地履行义务、所有者能否实现目标以及继续聘任还是解聘等相关事宜。信息披露质量的高低引导市场中资金的流向和流量，从而实现市场的优胜劣汰作用，达到优化经济结构的目的。

3.1.2 宏观层面

对于任何一个经济体，如何将居民储蓄有效地转化为各个项目的投资以达到资源的优化配置，这是资本市场合理配置资源的方式之一。然而，这一功能的发挥却受制于双方的信息不对称。拥有投资机会的公司希望能够为有利可图的项目筹集到更多的资金，而大量的资金却闲散在居民手中。因此，社会资源处于帕累托改进状况，信息不对称问题是两者不能实现帕累托最优的主要原因。首先，企业家对所要投资的项目比投资者掌握更多的信息，理性的投资者可能认识到企业家有可能夸大项目的投资价值，双方的信息交流并非真实可靠；其次，一旦投资者进行了投资，企业家可能会有动机滥用他们提供的资金，从而引起代理问题。

信息不对称导致事前的逆向选择和事后的道德风险。逆向选择导致投资者处于信息劣势，只能被动地接受经营者披露的信息，间接地对上市公司进行评价。当投资者大致知道全体上市公司的经营状况分布概率，并据此推定全体上市公司的平均经营质量，进而确定愿意支付的证券价格，高于平均经营质量的上市公司会因为股价低于自己的预期而没有动力提高经济效率和管理水平，甚至退出资本市场，最终将使得整个证券市场的上市公司质量变得越来越差。投资者在知晓后会进一步降低购买股票所愿意支付的价格，这又会导致质量相对较高的公司退出市场，从而形成“劣币驱逐良币”的恶性循环。证券市场中存在的信息不对称导致市场资源配置效率的下降，甚至会错配；道德风险造成企业家违背其当初融资时的承诺，更多从事自利行为，追求自身利益最大化，如偷懒、增加在职消费等，而无法做到完全的尽职尽责。此外，他们还拥有大量的内幕信息，处于信息优势地位，当可以通过发布虚假信息或运用内幕信息牟取利益时，他们会铤而走险，置投资者利益于不顾。最终都会导致投资者蒙受很大的损失。逆向选择和道德风险会使得投资者丧失信心，造成市场萎缩，甚至会呈现柠檬化状况。

高质量的信息披露可以有效降低不对称程度，在投资者和企业家之间搭起桥梁，有助于投资者更加及时清楚地了解到公司的经营情况，从而实施有效的监督，减轻逆向选择和道德风险的危害。图 3－1 列示了储蓄和企业之间的流动状况以及金融中介和信息中介所起的作用。左边是关于资金流的情况，资金通过直接和间接的方式从储蓄流向企业，直接的方式有私募基金等，间接的方式包括银行、风险投资基金等；右边描述了企业的信息流通过审计师和信息中介等介质流向投资者。

此外，作为社会经济管理者的政府部门也是信息披露的需求者，他们据此了解微观主体的经济运行状况，适时调整和制定相关政策。良好的微观经济为政府的宏观调控提供了较为重要的基础。公司的盈利能力状况会影响到政府的税收，而税收是国家财政收入的主要来源，进而直接关系到政府运行财政政策的能力。公司的盈利能力对拉动就业、提高人民生活水平以及促进经济发展影响较大。

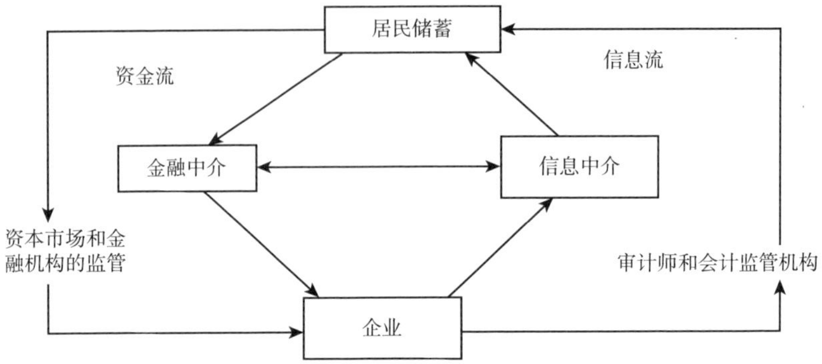

图 3-1　资本市场中的资金流和信息流

可见，信息披露影响着公司和市场的发展。公司的资金主要来自投资者，投资者则主要依据信息披露做出理性的投资决策。对于资本市场而言，信息披露的质量影响资本市场资源配置的效率，充分、及时和有效的披露是优化资源配置的重要保证，只有这样，才能使有限的资本流向效益高、前景好的企业，最终促进整个社会资源的优化配置。

3.2　信息披露的制度变迁

3.2.1　国外发展历程

公司所有权和经营权的分离导致信息披露制度的出现。所有者和经营者之间因信息不对称和利益目标的差异诱发经营者的道德风险，为了降低代理成本，经营者需要向委托人报告公司的财务状况以及经营成果等相关情况来解脱其受托责任，委托人则要依据披露的相关信息了解经营状况及经营者履行受托责任的情况。如果没有两权分离，信息披露虽有存在可能，但未必就是一种必需品。伴随着资本市场的蓬勃发展，所有者呈现高度的分散化，为了保护他们的权益，全面且系统的信息披露制度就显得尤为重要了。从信息披露制度的起源和发展过程来看，信息披露制度经历了四个阶段：自由放任期、建立初期、规范期和反思期。

（1）自由放任期（19 世纪 40 年代以前）

信息披露制度是股票市场发展的内在要求。1581 年，英国创立了世界上第一家股份公司，即土耳其公司，并发行了面值 25 英镑、总值 6 000 英镑的股票。1602 年，荷兰成立了东印度公司，允许在阿姆斯特丹贸易所公开发行股票。此后，股份制成为主流的商业组织模式，促进了西方国家资本市场的发展。但是，人们对作为新生事物的股票缺乏深刻的认识，加上政府的不干预政策，导致公司没有动力对外界提供信息披露，这为危机的爆发埋下了伏笔。1720 年，英国爆发了“南海公司事件”，股价暴跌，投资者损失惨重，引发了一场全面的信任危机。为了保护投资者的权益，维护股票市场的正常发展，英国出台了《1720 年泡沫法案》，并将股份能自由流通交易的大型股份公司定性为“非法”。这一规定在一定程度上阻止了股票市场的发展壮大，起到了矫枉过正的作用。

（2）建立初期（19 世纪 40 年代至 20 世纪 20 年代）

随着工业革命的蓬勃发展，产业规模的日益扩张，对资金的需求猛增，英国于 1825 年被迫废除了《1720 年泡沫法案》。1844 年，英国颁布了《公司法》，对资产负债表做出了详细而具体的规定，从而奠定了现代意义上的强制性信息披露制度的基础。

随后，英国对《公司法》进行了几次修订。1855 年和 1856 年修订的《公司法》规定了资产负债表和公司章程的标准格式等。1862 年修订的《公司法》规定红利只能从净收益中支付。1907 年修订的《公司法》要求公司向负责公司注册的官员提交已审计的资产负债表，并要求披露已支付股东的股息、利率、股票或债券发行费、债券折价。1928 年和 1929 年，《公司法》中的会计和审计条款做出了重大修订：一是首次要求向股东大会提交年度损益表，但不必提交负责公司注册的官员，也没有必要对损益表进行审计，并无须就其构成内容做出特别的解释。二是要求在资产负债表中划分流动资产和固定资产，阐明固定资产的计价方法；划分注册资本和已发行资本，并将创办费、商誉、专利和商标作为个别项目分别予以列示；公开对董事和职员的贷款，为支持职员购买本公司股票而发放的贷款和其折价。三是增设控股公司条款，要求披露分公司利润的处理方法以及对分公司的投资和债权与债务情况，但不要求编制合并报表。四是在新股发行说明书中应附上审计报告书，该审计报告书需涉及公司损益及股利发放情况。可以看出，英国通过不断修订《公司法》逐步完善了公司信息披露制度。除此之外，伦敦证券交易所制定的证券上市规则对信息披露制度也做出相应的要求，有力地促进了公司信息披露制度的建立。

美国的信息披露始于20世纪初。在19世纪80年代之前，美国尚未形成大规模工业公司，这使得公司很少通过公开出售股票来募集大量资本，他们所需的资金可以通过银行贷款予以满足。此后，美国开始兴起大规模工业公司，发行股票进行筹资已日益普遍化，投资者信息需求有所增长，为数不多的公司开始自愿披露会计信息。1898年美国议会成立的“产业委员会”着手调查公司运作的情况，经过多方调查，形成的结论是：大规模公司都应当公开披露已审计的年度报告，详尽披露公司资产、负债和损益等情况。遗憾的是，这些结论并未形成联邦法律规定。1911年，德克萨斯州通过了《蓝天法》，成为影响十分重大的一部地方立法。该法规定，发行人有义务披露财务报告。之后，美国各州纷纷效仿，但是具体规定不够详细，缺乏统一性，可操作性较差，上市公司信息披露质量不高。

（3）规范期（20世纪30年代至20世纪末）

1929—1933年经济危机推动了资本市场公司信息披露制度的建设，从经济危机中，人们普遍认识到自由放任的管理模式存在着严重缺陷，必须进行彻底的改革。美国于1933年在借鉴《蓝天法》的基础上出台了《证券法》，其目的是倡导要求充分披露原则，要求上市公司必须公开、真实、详细地披露公司经营状况等相关信息，减少外部投资者与内部经营者的信息不对称。1934年，美国又颁布了《证券交易法》，进一步强调了充分披露原则，要求上市公司定期提供年度和年中报告，保证投资者充分了解公司的信息，并对所披露信息的真实性承担法律义务。为了更好地实施市场监管，美国成立了专门的监管机构——美国证券交易委员会（简称SEC）。之后，SEC开始陆续以指南、手册形式发布上市公司信息披露规范文件。1940年，SEC汇编了《S－X条例》并对其进行了扩充和发展。SEC还发布了《会计系列公告》作为对《S－X条例》的一般修订和补充。从1982年起，SEC又颁布了《财务报告公告》和《会计及审计实施公告》，取代了《会计系列公告》。此外，SEC还出台了《S－K规则》规范非财务信息的披露。首席会计师办公室和公司财务部这两个内部职能部门自 1975 年开始还根据实际需要发布《专业会计公告》（SAB），对会计实务中的一些操作方法进行相关解释。SEC 的上述努力对规范资本市场中的公司信息披露起到良好的推动作用。

按照《证券交易法》规定，SEC 有权直接制定美国证券市场中的会计准则。为了有效地实施监管，SEC 将准则的制定权授予民间会计职业团体。会计职业界获得准则制定权后，先后设立了会计程序委员会（1938—1958 年）、会计原则委员会（1959—1972 年）和财务会计准则委员会（1973 年以来），并相继颁布了《会计研究公报》《会计原则委员会意见书》以及《财务会计准则公告》等用以规范会计信息披露。与此同时，相关的审计规范也在不断发展与完善之中。1934 年，美国会计师协会与纽约证券交易所将彼此的相关信函往来汇编成《公司账目的审计》予以刊发，1936 年，经修订后又以《独立注册会计师对财务报表的检查》为题发表，1938 年，“罗宾斯事件”爆发，为此美国会计师协会于 1939 年建立了审计程序特别委员会，该委员会发表了《审计程序的扩展》报告，建议将实际观察存货数量和直接询证应收账款作为正规的审计程序。“罗宾斯事件”也使 SEC 意识到强化审计规范的重要性。SEC 于 1941 年对《S－X 条例》第 2 条第 2 项做出修订，指出注册会计师的审计报告中应表明其是否根据适用的公认审计准则进行审计，从而引起职业界对审计准则的大讨论。这一争议因第二次世界大战的爆发而搁置，战后不久重新启动。审计程序委员会于 1947 年发表了《审计准则说明草案》并提出 9 条审计准则，1954 年又对其做出修订，增加了第 10 条审计准则，并再度以《公认审计准则》予以发布。美国会计师协会（美国注册会计师协会）先后组建的审计程序委员会（1939—1972 年），审计准则执行委员会（1972—1977 年）以及审计准则委员会（1978 年之后）相继颁布了一系列《审计程序说明》和《审计准则说明》，与原有的 10 项审计准则共同构成完整的公认审计准则体系，为审计人员执行审计业务提供理论指导和实践标准。其他国家也纷纷建立了相应的信息披露制度。

（4）反思期（21 世纪初）

2001 年，美国最大能源交易商安然公司因会计造假事发而申请破产，引起资本市场的巨大恐慌。负责审计的原国际五大会计公司之一安达信会计公司也由于安然公司的审计失败而倒闭。此后，又接连发生施乐、世通等大公司会计造假事件，人们不得不重新思考美国现有的资本市场体系。

安然公司的问题出在关联交易和信息披露方面。为了达到巨额收入和利润目标，安然公司建立了一个特殊目的实体（SPE），让其承担巨额的负债和亏损，从而使公司虚增了利润和资产。在合并报表时，安然公司钻了会计准则的漏洞：根据规定，如果在特殊目的实体中独立所有者拥有超过3%的总资本，再加上相应的“控制”判断，那么该特殊目的实体的财务报表就可以不进行合并。因此，存在巨额亏损和负债的特殊目的实体的财务报表就游离于合并报表范围之外，这导致公司财务报表未能如实反映其真实的财务状况和经营成果。承担外部审计的注册会计师也未发挥其应有的作用，究其原因是由于他们失去了独立性。安达信不但为安然公司提供审计鉴证服务，而且还提供收入不菲的咨询业务，仅2001年就从安然公司收取5 200万美元的服务费，其中约有一半来自审计业务之外的咨询服务，极大地影响了审计独立性和审计质量。

为了解决资本市场出现的新现象、新问题，美国国会通过了《萨班斯—奥克斯利法案》（以下简称《萨班斯法案》）。该法案不仅对《证券法》和《证券交易法》的许多内容做了修改和补充，而且对会计行业的监管、审计独立性、财务信息披露等诸多方面做了新的规定。其意义不亚于《证券法》和《证券交易法》，是美国资本市场又一次具有里程碑意义的改革。

纵观英美发达国家的信息披露演变历程，可以得出如下三方面启示：

第一，信息披露方式经历从选择性披露到强制披露再到强制性和自愿性披露相结合的过程。在起初的阶段，因信奉“看不见的手”的理念，证券市场处于自由放任的状态，公司披露什么信息、何时披露等相关情况基本由公司自主决定。然而，1929年美国股市“大崩盘”对传统的监管理念造成了沉重的打击。后经查明，这次危机与资本市场上的虚假信息披露存在密切的关系。为此，美国颁布了《证券法》和《证券交易法》，要求上市公司遵循法律法规的规定定期进行对外披露。这两个法案的颁布标志着信息披露方式从自主披露到强制性披露的转变，极大地改善了信息供给者和需求者之间的不对称程度，为美国保持长达70年的市场繁荣奠定坚实的基础。随着资本市场中需求者对信息要求有所提升，强制信息披露已不能满足使用者的需求，对自愿性信息需求动因增强。FASB 曾指出处于行业领先地位的美国大公司都围绕着核心竞争力进行自愿性信息披露，以吸引投资者。SEC 也鼓励上市公司进行自愿性信息披露。安然事件之后，监管部门，尤其是 SEC 加强了信息披露的监管，并出台了又一次具有里程碑意义的《萨班斯法案》，对会计准则、会计责任以及信息监管等进行了“会计再造”，进一步完善强制性披露，从而形成强制性信息披露和自愿性披露共存的局面。

第二，监管者反应及时，并从国会层面加强立法。首先，资本市场出现危机后，当监管当局意识到信息披露存在问题时，他们迅速研究，加强法律法规的建设。以两次危机为例：1929 年刚发生危机，1933 年就颁布了相关的法律；安然事件后仅用一年时间就出台了《萨班斯法案》。这使得原本混乱的市场能够较快地恢复正常状态。其次，立法的层次很高，不论是《证券法》还是《萨班斯法案》，都是国会出面进行立法，保证了相关法律的权威性，为法律的顺利执行扫平障碍。

第三，信息披露随着经济业务的发展而不断提高。早期由于经济业务简单，上市公司只要向外部提供资产、负债、收入和费用等情况就能满足披露要求，大部分都是历史成本信息。随着经济业务的复杂化，一些表外业务异军突起，如公允价值等。为了提高信息披露质量，监管者一方面要求对信息及时准确地披露，另一方面又将部分表外业务纳入表内确认。

3.2.2 我国信息披露制度的发展

与西方发达国家相比，我国资本市场建立相对较晚，导致相应的信息披露制度发展滞后。真正意义上的信息披露制度建设应追溯到上海证券交易所的成立，至今也只有 30 年的历史。回顾这些年的发展，我们可以大致将其分为初建阶段、发展阶段和完善阶段。

（1）初建阶段（1992 年之前）

我国经济体制改革采用的是渐进方式。只要能够发展市场经济，都可以先试行，然后再制定相关法律予以规范。股票市场的发展也不例外，加上对这种新生事物的认识仍不是很清晰，导致相关的信息披露制度处于起步阶段，缺乏统一的信息披露规则，尚未明确地界定上市公司信息披露义务。随后的 1990 年是信息披露制度建设极为重要之年，上海证券交易所和深圳证券交易所陆续成立，标志着我国证券市场向集中、规范化方面跨出了重要的一步。当年，政府出台了《上海市证券交易管理办法》，这是我国第一部比较完整的有关证券交易的地方性规章，它的实施使我国证券市场朝着规范化方向发展。

（2）发展阶段（1992—2001 年）

1992 年，财政部会同有关部委联合颁发了《股份制试点企业会计制度》（〔92〕财会字第 27 号）。同年，国务院证券委员会和中国证券监督管理委员会的成立，开创了中国证券市场规范管理的新局面。1993 年 4 月，为了维护投资者和社会公众的利益，国务院发布了《股票发行与交易管理暂行条例》。该条例第一次全面、详细地规定了上市公司定期报告和临时公告需披露的信息内容和要求。1993 年底，全国人大审议通过《公司法》，其中设专门章节对上市公司的条件、股票交易、定期报告和暂停上市等行为做出了法律规定。

值得关注的是，1998 年《中华人民共和国证券法》审议通过并于 1999 年 7 月 1 日起实施，对上市公司信息披露的内容及质量再次进行规范，明确要求违反上市公司信息披露质量要求的一些重大行为要做出相关赔偿以及承担刑事责任。1999 年第九届全国人民代表大会常务委员会通过了《关于修改〈中华人民共和国公司法的决定〉》，第一次对我国《公司法》进行了修正。《证券法》的颁布和《公司法》的修订是进一步发展和完善我国信息披露制度的重要标志，使得信息披露规则更加具体化，增强可操作性。

（3）完善阶段（2001 年以来）

针对当前经济发展的实际并借鉴国际先进做法，信息披露制度被施以深入的完善与修正，规范而完整的上市公司信息披露制度体系基本建立。《公开发行证券公司信息披露编报规则》和《公开发行证券公司信息披露的内容与格式准则》进行了进一步的修订工作，使会计信息披露内容规定更趋完善。2005 年，对《中华人民共和国证券法》进行了修订。中国证监会于 2006 年出台了《上市公司信息披露管理办法》，总括性地规范了上市公司及其他信息披露义务人的所有信息披露行为，其内容涵盖公司发行、上市后持续信息披露的各项要求。

财政部也于2006年发布新的会计准则和审计准则体系并于2007年1月1日起实施，加快了国际化进程。其内容无论是从结构上还是从具体项目上看，都实现了与国际会计准则的趋同。从结构来看，我国企业会计准则体系包括基本准则和具体准则。基本准则对具体准则具有指导性作用。国际财务报告准则则包括财务会计概念框架和一些具体准则，概念框架对具体准则也有指导意义。从基本准则的内容和结构来看，它与财务会计概念框架非常类似，只不过提法不同而已；具体项目的变化为：（1）引入公允价值计量属性；（2）合并财务报表的合并范围应当以控制为基础予以确定；（3）制定了金融工具会计准则。趋同不等于等同，两者也存在一些差异，如公允价值的运用范围、关联方及其交易的披露范围、资产减值损失的转回问题和企业合并的会计处理方法。

总之，在充分学习和借鉴成熟市场的基础上，结合证券市场发展的实际情况，我国已颁布与建立了一套具有国际水准的信息披露制度和相适应的法律法规，并要求信息披露的内容更多、范围更广、及时性更高。

从国内外的历史发展来看，上市公司信息披露制度的产生和不断完善是资本市场完善发展的必然结果。当信息披露不能适应资本市场的发展时，上市公司会利用一些制度的缺陷欺骗广大投资者，造成他们蒙受巨大的经济损失，也使市场失去优化资源配置的功能。为了避免这些问题的出现，信息披露已经成为各个国家监管制度的核心内容，旨在保证市场的公平和公开原则，保护广大投资者的利益，从而达到社会资源的有效配置，提高社会生产力。

3.3 信息披露质量的评价观

信息披露质量如何评价一直是理论界与实务界争论的焦点。在西方，尤其是美国，不少团体或机构基于不同的立场、从不同的角度提出了一些有价值的观点，主要有两类：用户需求观和投资者保护观。前者关注的是为用户提供与资源配置或计价决策相关的信息，以减少他们在决策过程中的不确定性；而后者要求公司向投资者提供尽可能充分的信息并以透明的方式披露，减少公司与投资者间的信息不对称程度以保护投资者的利益。本书首先分析这两种观点提出的背景、关注的焦点、代表的利益等，在此基础上结合我国资本市场状况和发展趋势，认为投资者保护观更符合我国资本市场发展的实际，应作为信息披露质量的目标。

3.3.1 用户需求观

自20世纪60年代后期实证会计兴起，大量的经验证据表明会计数据在资本市场上是有用的，但是其有用性远远低于预期。这就意味着会计信息的含量相对较低，使得准则制定者重新审视准则制定的目标，明确以会计信息为核心的披露应当满足资本市场的需要，为决策使用者提供有用的信息。为了提高相关性，会计准则必须赋予公司在会计政策以及会计估计等方面一定的可选择空间，但这也给公司的盈余管理提供了土壤。

1978年，财务会计准则委员会（FASB）明确提出了编制财务报告的目的是帮助投资者更好地进行决策。因此，信息披露必须保证相关性和可靠性，如何进行权衡，FASB进一步做出了解释，然而FASB却技巧性地回避了相关性和可靠性谁更为基本这一问题。因此，人们在两者进行选择时需要在相关性和可靠性中进行一定的权衡。

美国注册会计师协会（AICPA）Jenkins委员会经过历时3年的调查和研究，在其出版的《改进企业报告——着眼于用户》中采用了与FASB一致的观点，即企业报告旨在向用户提供有关的信息，以便于决定是否向某一企业提供资源、以什么样的价格提供资源以及是否继续提供资源。在调研的基础上，委员会概括了用户所需要的5类信息：财务与非财务数据、管理部门对财务与非财务数据的分析、预测信息、关于股东和管理部门的信息、公司的背景。

3.3.2 投资者保护观

投资者保护观的提出有其特殊的背景。20世纪80年代以来，上市公司越来越多地出现盈余管理行为，实现其自身的效用最大化。但日益盛行的盈余管理之风却严重侵蚀了信息披露的可信性，影响了资本市场的正常有序运转。这引起了监管者的高度重视。美国证券交易委员会前主席 Levitt 将此讽刺为“数字游戏”，甚至为“数字赌博”，并要求采取严厉的措施予以打击以保护中小投资者。在一次演讲中，他还就如何保护投资人的权益做出了回答，即上市公司应当以透明、可比和充分披露等方式进行信息披露。

总体而言，投资者保护观要求向投资者提供“充分而公允的披露”，这才不会导致使用者的误导或困惑，目的是保证信息披露具有良好的“透明度”。何为透明度呢？裘宗舜（2000）指出，透明度是能一眼望见到底、没有遮盖与掩饰、实事求是，并指出通过有效和充分信息披露能够提高透明度。葛家澍（2001）则认为透明度应当如实地并可比地反映一个企业与投资人相关的信息，并将其综合成一个描绘公司真实经营情况与诚实财务状况的图像：不因特殊利益而弄虚作假以及不粉饰盈利、不遗漏按准则和制度所规定的一切披露义务、充分暴露公司已存在或可能存在的风险、不掩盖公司业已形成或极可能获得的收入和利益等以及对所反映交易和事项的经济实质要表达清楚。Bushman 等（2004）将对公司特有信息的可获取性定义为透明度。总而言之，只有提高信息披露质量才能保证透明度，也能确保投资者的利益免遭侵犯。

上述两种信息披露观存在一定的差异，这是由于它们各自的侧重点不同。用户需求观侧重信息披露应当满足使用者的要求，强调相关性，要求披露的信息要及时并且能够预测价值，只有这样才能提高信息的相关性。因此，会计准则需要赋予企业一定的会计政策和估计的选择空间。投资者保护观则从投资者的利益出发，关注公司治理结构及其利害关系的问题，不仅要求对财务信息进行充分而公允的披露，而且要求披露公司治理结构的状况、高级管理人员报酬方面的信息等。投资者保护观要求应向用户提供尽可能多的信息，并尽可能以透明的方式披露。

就本质而言，两者并不相互排斥，用户需求观强调的是信息披露应当满足使用者的需求，而投资者保护观要求以透明的方式披露向使用者提供尽可能多的信息。事实上，股东和债权人是信息的主要使用者，满足他们的需求就是尽可能为他们提供充分的信息，以帮助他们投资决策，这实际上也就是保护他们的利益。因此，从这点来看两者是一致的。

3.3.3 我国应建立信息披露的投资者保护观

我国证券市场尚未达到高度发达和成熟的程度，具体表现为：

（1）资本市场处于或者接近弱有效。最早对市场有效性检验的是俞乔（1994），他采用误差项的序列相关检验、游程检验和非参量性检验的方法分析了沪深两市综合指数的变动趋势，发现我国沪深市场尚未达到弱式有效。随后宋颂兴等（1995）、吴世农（1996）、陈小悦等（1997）、张亦春等（2001）以及王家琪等（2007）等都进行了相关研究，尽管得出的结论不尽相同，但普遍认为我国资本尚未达到半强有效。在弱式有效的情况下，所有历史价格或收益的信息均已体现在股票价格之中，新的信息会在发布瞬间充分地反映在证券价格中，故可以利用未公开的内幕和已公开的信息赚取超额利润，说明弱式有效市场存在着最大也是最多的可乘之机。用户需求观的前提条件则是半强式有效市场，它可以反映一切公开可以得到的信息，包括与现在和过去证券价格有关的信息；市场相对比较成熟，投资者普遍具有理性，并拥有大量的机构投资者等，他们能够识别和吸收所有已经公开的信息，无须关注信息披露的形式。我国资本市场并不满足这一条件。

（2）我国投资者急需保护。"一股独大"现象在上市公司中普遍存在，导致控股股东剥削中小股东的利益，中小股东的权益难以保障。控股股东因持股比例较大，具有控制权优势，利用信息不对称进行盈余操纵，粉饰报表，故意推迟信息披露的时间或者隐藏披露的内容，甚至提供虚假信息，这样很容易造成内幕交易，投机性过强容易滋生庄家，甚至还会出现"老鼠仓"。中小投资者因信息披露不及时、不准确遭受很大损失，急需相关制度予以保护。

（3）我国上市公司信息披露质量仍比较低。根据深交所的评价发现，尽管上市公司信息披露质量有所提高，但仍有接近一半的公司信息披露质量是"及格"或"不及格"。这对投资者的决策有用性所起的作用较为有限，中小股东等主要依赖技术分析或市场传闻进行买卖决策，助长了市场的投机氛围，不利于证券市场的发展。为了保护投资者的利益，必须提高公司的披露质量，增强信息披露的可信性。此外，我国的《宪法》《公司法》等都明确规定要保护投资者的合法权益。

可见，我国资本市场总体上仍属于一个新兴市场，远未达到用户需求观所要求的市场半强式有效市场，加之投资者亟待加强保护等原因，为了更好地促进资本市场的健康发展，用户需求观难以胜任我国资本市场发展的需要，投资者保护观信息披露更适合我国的实际。

3.4 上市公司信息披露质量的分析

上市公司信息质量是一个全球关注的热点，已成为市场经济秩序稳定、健康发展的紧迫问题，但业界就如何评价信息披露质量尚未达成统一认识。本书借鉴已有的相关研究成果做一些尝试，主要回答上市公司信息披露的主要内容以及质量特征。

3.4.1 信息披露的内容

已有的研究成果表明，企业的年度报告由财务报表、报表附注、其他财务报告和其他报告组成。葛家澍（2004）对他们之间的关系做了深入的分析，具体如下：

年度报告=财务报表+报表附注+其他财务报告+其他报告

FASB所定义的确认（财务信息）

FASB所定义的披露（财务信息或与财务信息有关）

广义的信息披露（公司对外公开、一切有助于投资者决策的信息）

根据中国证监会的相关规定，年度报告应当记载以下内容：（1）公司基本情况；（2）主要会计数据和财务指标；（3）公司股票、债券发及变动情况，报告期末股票、债券总额、股东总数，公司前 10 大股东持股情况；（4）持股 5% 以上股东、控股股东及实际控制人情况；（5）董事、监事、高级管理人员的任职情况、持股变动情况、年度报酬情况；（6）董事会报告；（7）管理层讨论与分析；（8）报告期内重大事件及对公司的影响；（9）财务会计报告和审计报告全文；（10）中国证监会规定的其他事项。结合我国企业会计准则的相关规定，企业年度报告的内容总结如下：

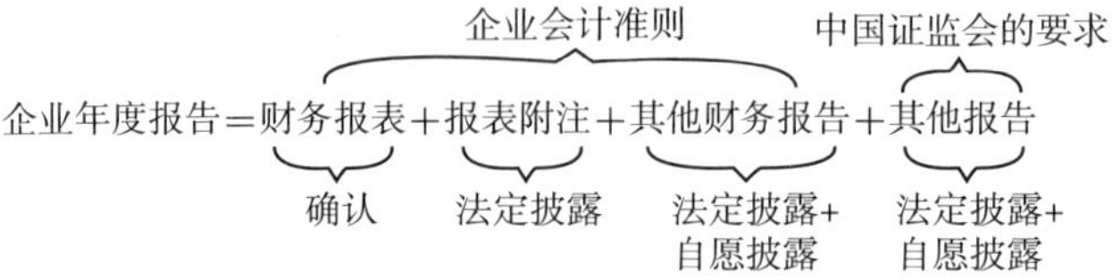

1. 财务报表

财务报表是企业年度报告的核心内容，主要反映企业财务状况和经营成果等情况，是向外部使用者传递会计信息的主要手段，主要包括资产负债表、利润表、现金流量表和所有者权益变动表。资产负债表反映企业在某一特定日期的财务状况；利润表反映企业一段时间的经营成果；现金流量表反映某一段时期的现金及其等价物流入和流出的情况；所有者权益变动表反映构成所有者权益的各组成部分当期增减变动情况。财务报表主要是将企业所发生的经济事项通过会计确认的方式予以反映。何为确认呢？FASB 在第五号《企业财务报表项目的确认和计量》中指出，“确认是某一项目作为资产、负债、收入、费用等之类列入财务报表的过程。一个已被确认的项目要同时以文字和数字加以描述，其金额包括在报表总计之中”。显然，FASB 的确认概念已经包含了会计记录、计量和报告 3 个过程，这是广义的确认，将计量作为确认的一部分。事实上，确认和计量是可以分开的，解决的是根据一定的基础和标准来判断某一项目属于哪一要素的过程、应该何时列入财务报表，主要解决“是什么”“何时是”以及“如何记录和报告”的问题，这是狭义的确认。计量则是在确认的基础上，根据一定的计量单位和属性认定某一项目的金额大小，关注“是多少”的问题。确认从过程来看，主要包括初始确认、再确认和终止确认。初始确认是将某一项目认定为资产、负债、收入、费用等要素进行会计记录；再确认是指在初始确认的基础上对所有项目的数据进行一定的筛选、浓缩和最终在财务报表里列示，并对影响财务报表质量的合计数进行确认；终止确认是指因某些原因发生了变动，应立即对前两个环节所确认的项目进行修正或终止，甚至从财务报表上予以剔除。

FASB 还对确认的标准进行了界定，认为在“效益大于成本”和符合“重要性”原则的前提下，所有予以确认的项目应该满足可定义性、可计量性、相关性和可靠性 4 个条件。

（1）可定义性，即项目要符合财务报表的某一要素的定义。

（2）可计量性，即具有一个相关的计量属性，足以充分可靠地予以计量。

（3）相关性，即有关信息在用户决策中有举足轻重的作用。

（4）可靠性，即信息是真实的，可核实的、无偏的。

由上述条件可知，一个项目应符合要素的定义，又对决策有用，且能可靠地加以计量。会计确认标准指出了确认的会计事项所应具有的特征，保障了现代财务会计核算系统的有效运行，凡符合标准的会计事项，就可被确认为相应的会计要素并纳入财务报表，不能完全满足上述标准的信息则被摒弃在财务报表之外。这些标准对于保证会计信息的相关性、可靠性，从而提高会计信息的利用度等方面均起到了积极的作用。

2. 报表附注

报表附注是对在资产负债表、利润表、现金流量表和所有者权益变动表等报表中列示项目的文字描述或明细资料，以及未能在这些报表中列示项目的说明等。它是财务报表重要的组成部分，也是与报表数据关系最密切的表外信息，旨在更好地帮助理解报表。通常而言，其形式一般采用旁注、附表和底注等。就其内容而言，《企业会计准则》做了如下规定：

（1）企业的基本情况，如注册地、组织形式等；

（2）财务报表的编制基础；

（3）遵循企业会计准则的声明；

（4）重要的会计政策和会计估计；

（5）会计政策和会计估计变更以及差错的更正说明；

（6）报表重要项目的说明；

（7）其他需要说明的重要事项。

附注一般要受到法定约束，遵守会计准则的要求，并要受到注册会计师的审计。但相比而言，附注又具有自身特点：一是表达不需要固定的格式，可以采用文字说明，也可以采用数字描述，或者两者兼而有之；二是不要经过严格的会计确认程序，主要采用披露的形式进行表达。所以，附注所采用的形式是披露而非确认，是对财务报表的合理延伸和发展。

3. 其他财务报告

其他财务报告与财务报表没有直接的联系，但它所包括的信息能增进报表使用者理解财务状况以及经营成果等，或者说它披露的是财务报表无法确认的财务信息。FASB 指出，其他财务报告包括“直接或间接地与会计系统有关的其他信息（如企业的资料、义务和盈利等）”。我们认为其他财务报告主要包括补充资料，如价格变动的影响、石油天然气储量资料等，以及财务报告的其他手段，如管理部门的讨论与分析、致股东函件等。葛家澍教授认为，其他财务报告应涉及财务方面的内容，可用文字进行说明，只是应尽可能用货币予以量化。在我国，尚未使用其他财务报告的概念，而是采用“财务情况说明书”，内容也不太丰富。

4. 其他报告

除上述信息之外，凡是对相关人员有用的一切非财务信息均应包括在内，以提高年度报告的相关性，所以这类信息非常广泛。FASB 列示了如下披露内容：根据美国证券交易委员会规定的关于竞争情况和未交货订单的讨论、分析人员的报告、经济统计资料以及有关公司的新闻报道。这部分信息是为了满足证券监管部门的要求，对投资者而言则是一个补充。它们并没有将全部的信息列示出来，这部分内容包括了证券监管部门强制要求提供的信息。

综上分析，公司年度报告要么以表内确认的形式予以反映，要么采用直接表外披露的形式来反映，由于信息的属性不同，表达方式存在着差异。比较而言，表外披露包含的内容则比较广泛，除了财务报表外，报表附注、其他财务报告和其他报告等都属于表外披露的范畴。魏明海和龚凯颂在《会计理论》教材中构建了会计信息披露的模型，本书试图进行一些修正，见图 3 - 2。

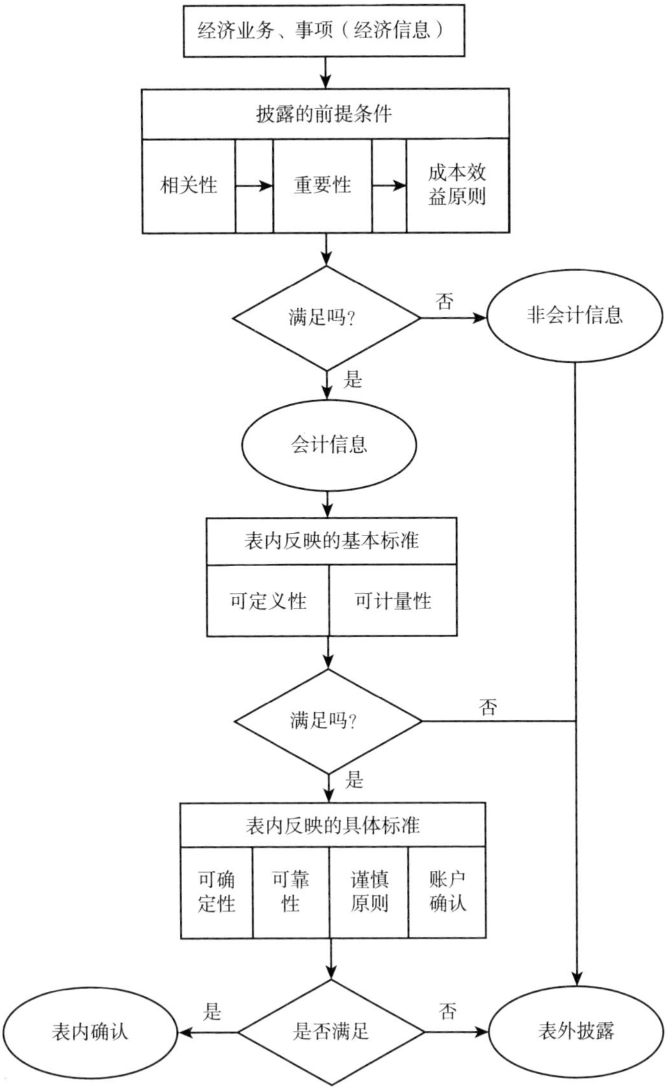

图 3 - 2　信息披露理论模型

从图 3 - 2 可知，只有具有相关性、重要性和符合成本效益原则的经济信息才能进入信息披露的视野。在此基础上，只有既满足表内反映的基本标准，又符合表内反映的具体标准的会计信息才能最终被确认在财务报表中，其余的信息都是以表外披露的形式予以反映。随着经济的发展，表外信息包含的内容越来越多，重要性也有所提高，据安永会计师事务所前主席葛罗夫斯调查，美国公司的年度财务报表信息量自 1972 年以来平均每年增长速度为31%，同期附注则达到 75%，表外披露日益引起报表使用者的关注，对他们进行决策的有用性越来越大。

3.4.2 信息质量特征的研究

作为年度信息核心内容的会计信息已经引起了准则制定机构的高度关注，他们对此进行了大量卓有成效的研究，并取得了丰富的成果。因此，会计信息质量特征对信息披露质量的重要性不言而喻。为了更好地展开研究，我们对已有的研究成果进行回顾。

1. FASB

美国对会计信息质量研究较早，早期的文献中都有不同程度的涉及。到 20 世纪 70 年代末，信息质量与会计目标之间的内在逻辑关系得到了会计界的充分认识。FASB 总结了前期的研究成果，发布了财务会计概念公告第 2 号《会计信息的质量特征》，第一次比较全面地阐述了会计信息质量要求。他们认为，会计信息质量的特征具有一定的层次性，其中最重要的是决策有用性，“对决策的有用性应作为最重要的质量特征。如果没有有用性，就谈不上从信息中获得足以抵偿该信息所费成本的利益”。相关性和可靠性是决策有用性最重要的质量特征。相关性主要包括预测价值、反馈价值和及时性；可靠性则主要由如实反映、可核性和中立性组成；可比性是决策有用性的次要质量特征。FASB 构建的是会计信息为满足用户需要的质量特征的框架，它长期以来成为评估财务会计信息质量的基本标准。美国注册会计师协会（AICPA）财务报告特别委员会于 1994 年发表了题为《改进企业报告——面向用户》的报告，在评估财务信息质量标准方面强调相关性、可靠性和可比性，具体见图 3－3。

2. IASC/IASB

在 FASB 的影响下，IASC 也着手对信息质量进行相关的研究，并在

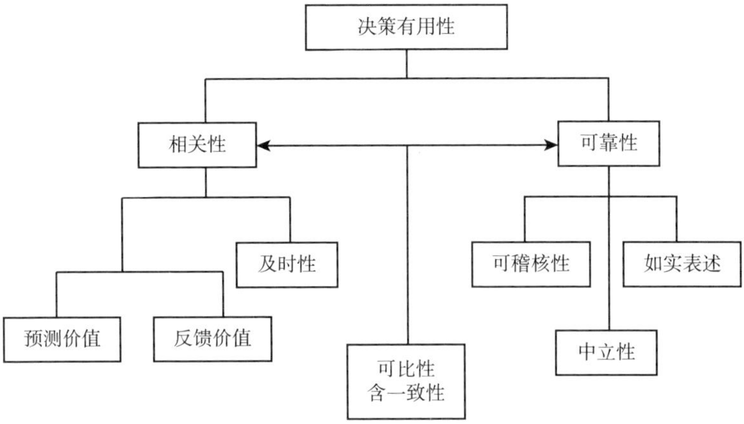

图 3－3　FASB 会计信息质量特征

1989 年发布的《编制和提供财务报表的框架》中提出了 10 个会计信息质量特征，包括可理解性、相关性、可靠性、可比性、重要性、如实反映、中立性、谨慎性、完整性、实质重于形式，并将可理解性、相关性、可靠性和可比性作为 4 个主要的信息质量特征。可理解性是为了增强财务报告的表述质量，可比性也被列入与相关性和可靠性同等重要的位置。

IASC 信息质量特征具有以下特点：一是包括主要质量特征、次要质量特征和限定因素三方面组成的多层次的有着内在联系的体系，这与 FASB 的标准极为相似；二是虽未明确提出决策有用性的目标，但字里行间也包括这一内容，并将其放在最为重要的地位；三是将可理解性与可比性提到与相关性和可靠性同等重要的地位，这主要出于适用范围的考虑，具体见图 3－4。

3. 英国会计准则委员会（ASB）

1999 年 ASB 发表的“财务报告原则公告”相当于英国的财务会计概念框架。该成果借鉴吸收了各国和 IASC 的相关研究成果并提出自己独特的见解，将财务信息质量分为两类：与财务报表中的信息内容有关的质量和与表达有关的质量。前者主要包括相关性和可靠性；后者主要分为可比性和可理解性。不论是表内内容特征还是表外表达特征，都要求所有财务信息首先要真实与公允，其次要满足重要性这个先决质量特征，具体见图 3－5。

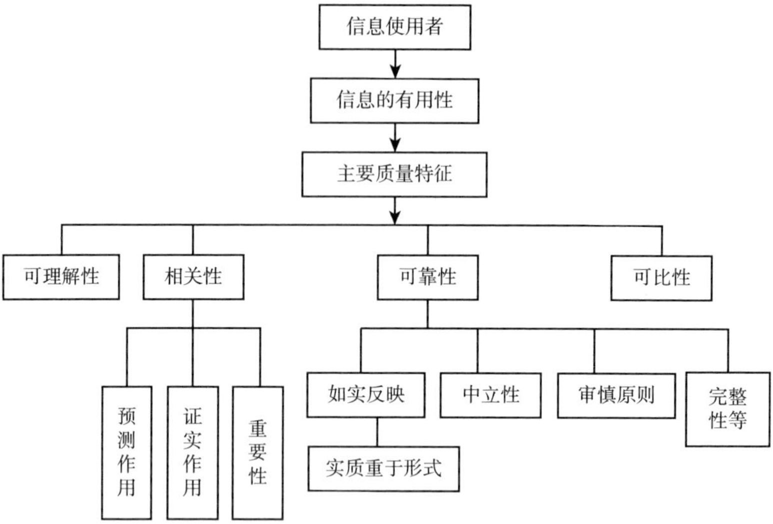

图 3－4 IASB 会计信息质量特征

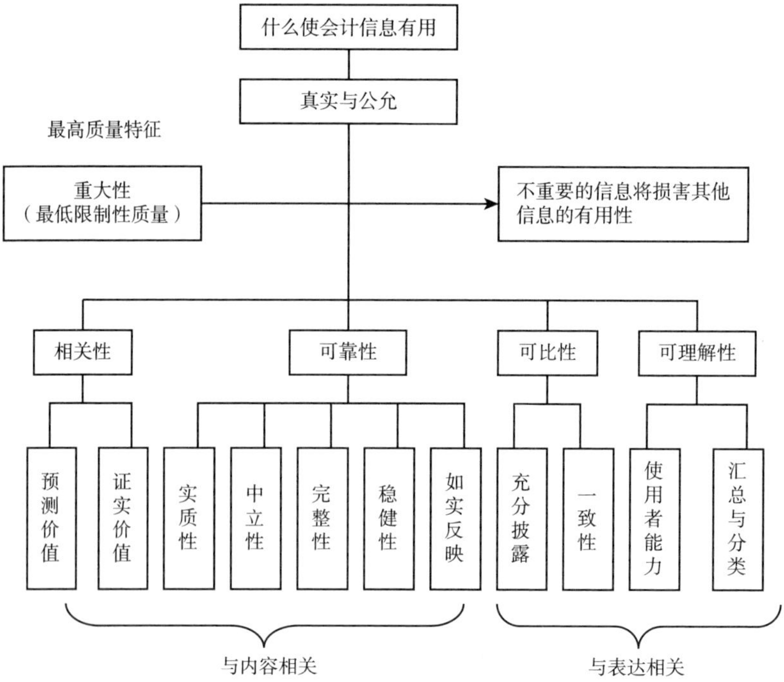

图 3－5 ASB 会计信息质量特征

4. 我国会计信息质量

我国从开始实施企业会计准则以来就一直比较注重会计信息质量特征。1992 年的准则提出了在进行会计核算的时候应具备 9 项一般原则，即真实性或如实反映、相关性、可比性、一贯性、及时性、明晰性、谨慎性、完整性和重要性。这几点在 2001 年颁布的《企业会计制度》中继续得以体现。2006 年颁布的“新会计准则”将可靠性、相关性、可理解性、可比性、实质重于形式、重要性、谨慎性和及时性作为质量特征。其中，可靠性、相关性、可理解性和可比性被列为首要质量要求，是企业财务报告中会计信息应具备的基本质量特征；实质重于形式、重要性、谨慎性和及时性是会计信息的次级质量特征①。“新会计准则”借鉴了国际财务报告准则的分类方法，克服了以往由一系列平行条款组成的缺陷，体现了信息质量的主次之分。

目前，已有学者对我国财务报告质量进行了初探。葛家澍和陈守德（2001）认为，财务报告的质量首先取决于财务报表的质量，同时也决定于表外披露和其他财务报告的质量，其目标不论是面向使用者的决策需要还是主要面向保护股东/投资者，从根本而言是一致的，只是各有侧重而已。财务信息的内容及其各组成部分的质量应采用的是 FASB 模式，为决策有用性服务，强调相关性与可靠性；财务报告进行表述的质量则采用 SEC 模式，旨在保护投资者利益，要求透明、可比和充分披露等。因此，他们进行了如下分类（见图 3 -6）。

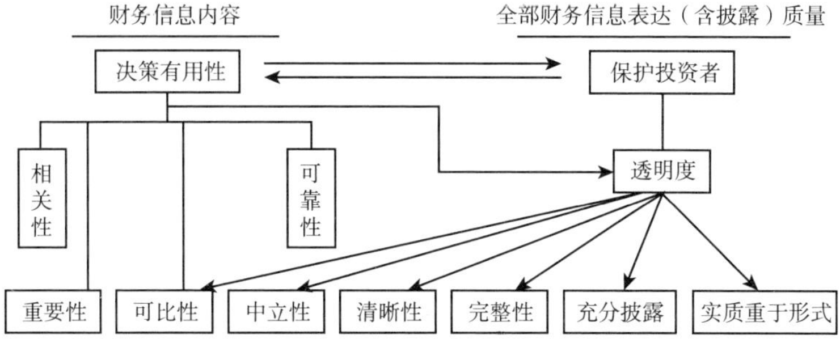

图 3 -6　信息披露质量分类

① 财政部会计司：《企业会计准则讲解》，人民出版社 2006 年版。

图3－6借鉴了国外的研究成果，对财务报告质量采用两分法，分别提出了不同的目标，即决策有用性和投资者保护，具有一定的前瞻性和创新性。这一研究成果似乎更加符合美国资本市场实际情况，既要满足投资者决策有用，又能有效地打击“数字游戏”，以保护投资者的利益，较好地回答了美国证券交易委员会原主席阿瑟·利维特（Arthur Levitt）提出的如何建设高质量会计准则的问题。但其与我国的实际可能不相符，在会计信息失真较为严重，相关要素市场发展不太成熟的情况下，强调可靠性并运用历史成本为主的资产计量方式可能是比较现实的选择（张蕊，2006）。葛家澍（2004）也曾强调可靠性的重要性，针对美国和我国上市公司所发生的财务欺诈案件，指出“不相关的信息固然无用，但并非对所有人都无用，而不可靠的信息更为危险——所有使用者的决策都会被它误导，从而带来难以估量的风险”。可靠性是有用信息的前提或基础，可以解决会计信息失真的问题，保证会计信息更加透明，从而有助于保护投资者的利益。

5. 小结

FASB提出的信息质量只针对财务报表内容质量而言，不涉及表外披露的内容，强调相关性和可靠性。IASC/IASB借鉴了FASB的概念框架，认为除了相关性和可靠性之外，还增加可比性和可理解性。英国将财务报告质量分为财务报表内容质量和财务报表披露质量，并就各自特点分别提出相应的质量特征，当相关性和可靠性互相排斥时，更应当选择能使信息相关性最大化的方法。总体而言，他们的共同之处是都认为相关性优于可靠性，可能因为在信息质量能够得到可靠保证的前提下，为了增强决策有用性应提高信息的相关性。我国主要采用IASB的分类方法，将可靠性置于相关性之前，暗含着在可靠性信息的前提下选择最相关的信息。这与会计信息质量不高有一定的关系。

3.5 基于投资者保护的信息披露质量体系的构建

任何事物总有内容和形式两方面，两者相互依存，都为了反映事物的特征。但它们存在着主次之分，本质决定着形式，并通过形式予以反映。上市公司信息披露质量也不例外，以是否满足确认标准分为财务报表内容质量和财务报表外披露质量，前者主要影响财务报表的确认、计量和报告等，进而影响会计准则的制定，后者则是指权威机构在监督上市公司信息进行财务报表外披露时所使用的标准，是根据相关的披露准则所形成的，两者不能混淆。它们的共同目标都是为了缓解资本市场中存在的信息不对称问题，保护债权人和中小股东等外部投资者，但相比而言前者更为重要，如果相关信息的内容质量都不能保证，那么如何又谈得上披露质量。对两者进行准确地区分，增进投资者对信息的理解，对加强市场监管有着重要的意义。

就财务报表内容质量而言，权威的准则制定机构普遍认为：可靠性、相关性是主要的质量，可比性（含一致性）是次要质量。

可靠性是确保信息能免于错误的偏差，并能忠实反映它意欲反映的现象或状况的质量。如果信息不可靠，不仅无助于决策，而且还可能导致错误的决策，其危害性更大。FASB 认为可靠性由可稽核性、如实反映和中立性组成，IASB 认为，只有“当没有重要差错或偏向并能如实反映其所拟反映或理应当反映的情况而能供使用者作依据时，会计信息才具备了可靠性”。FASB 对其分类更为具体，得到大多学者的认可，并加以推广。本书也借鉴这一方法，将可稽核性、如实反映和中立性作为可靠性的标志。可稽核性是指会计信息应当具备可重复验证的特征，对同一事项，不同人员只要采用相同的计量方法就能得出高度一致的结论。如实反映是指会计核算应当以实际发生的经济业务为依据，如实反映财务状况和经营成果，中立性要求会计人员在处理相关信息时应该保持不偏不倚的态度。

相关性指所提供的信息应与投资者、债权人等利益相关者的投资和信贷等决策相关。相关性主要包括预测价值、反馈价值和及时性。预测价值是指会计信息能增强决策者的预测能力，帮助投资者预测公司以后的财务状况、经营成果和现金流量等；反馈价值是指会计信息能够帮助决策者证实或修正过去决策时的预期结果；及时性则要求信息加工、处理和传递不得提前或滞后，不及时的信息不能帮助投资者做出正确的决策。

可比性有两层含义，一方面要求横向可比，即类似或相同的经济业务应该尽可能采用相同的会计处理方法；另一方面要求纵向可比，即公司在前后各期采用尽可能一致的会计处理方法，不得随意变更，除非有特殊事项。

相关性和可靠性是财务报表内两个重要的信息质量，已经得到一致的公认，有用的信息应满足既可靠又相关的要求，二者不可偏废。然而，现实世界中两者又常常会相互冲突，信息本身并不能自动地在相关性与可靠性之间实现均衡，究竟如何选择呢？FASB 和 IASC 比较倾向于相关性。英国会计准则委员会明确表态，如果相关性和可靠性互相排斥，有用的信息应是“那些可靠信息中最相关的项目”，把可靠性作为相关性的前提和基础。然而时隔两月，这段话被修改为似乎只考虑提供相关性最大化的信息了。可见，它们之间是一对矛盾体。相关性和可靠性不能同时兼顾，有的信息相关性强但可靠性较弱，有的信息可靠性强但缺乏一定的相关性。同时，两者也不能相互分割，如果信息虽然相关但缺乏可靠性，会误导投资者的决策；如果信息虽可靠但偏离了相关性要求，也会因不相关而使可靠性失去存在的意义。因此，在选择时应根据具体情况所有侧重。美国财务会计发展的历史是很好例证。1929—1933 年，美国会计信息严重失真，为了解决这一问题，《证券法》和《证券交易法》出台，会计准则首要考虑的是可靠性而非相关性。随着可靠性问题的解决，为了提高决策的有用性，对相关性的要求加强，在 1991 年公布的《改进企业报告——着眼于用户》将相关性作为贯穿报告的主线。但安然、世通等重大财务舞弊发生后，会计信息的可靠性又一次被提上日程，美国政府发布的《公司改革法》严厉打击了公司财务欺诈，最大程度地保障会计信息的可靠性。

基于我国目前会计信息质量不高、信息失真普遍的实际，为了保障投资者的合法权益，真实可靠的会计信息应摆在第一位。只有这样，才能尽最大可能提高相关性，进而实现会计信息的有用性。如果信息不可靠，即使会计信息再相关，其对投资者的决策非但无益，反而起到误导作用。葛家澍（2003）指出，可靠性是财务会计的本质属性，是会计信息的灵魂。在信息质量体系中，可靠性是基础、是核心。鉴于此，可靠性应该优先考虑。

就财务报表外披露质量而言，主要标准是透明度。有关其定义主要有以下三种观点：

（1）巴塞尔银行监管委员会针对银行业情况将透明度定义为：公开披露可靠与及时的信息，有助于信息使用者准确评价一家银行的财务状况和业绩、经营活动、风险分布及风险管理实务，并进一步指出，披露本身不必然导致透明；为实现透明，必须提供及时、准确、相关和充分的定性与定量信息披露。透明的信息质量特征包括：全面性、相关性和及时性、可靠性、可比性、重大性。

（2）普华永道在“不透明指数”报告中认为“不透明”是指：在商业经济、财政金融、政府监管等领域，缺乏清晰、准确、正式、易理解、普遍认可的惯例；反之则为透明。

（3）魏明海、刘峰和施鲲翔（2001）将会计透明度的内容界定为：一套清晰的会计准则；所有部门都高度遵循会计准则；对外提供高频率的准确信息。

显然，巴塞尔银行监管委员会和普华永道主要针对的是广义上的披露，包括财务报表内容的信息质量；魏明海等则从会计准则的制订和执行、会计信息质量标准、信息披露与监管3个层面进行定义，认为只有一套清晰、准确的会计准则和相应的信息披露制度，才能为高透明度会计的实现提供技术上的可能。

根据《维基百科全书》的相关词条，透明度是公司信息的公开程度，在语义上更强调信息的易得和全面。易得指的是公司的披露的信息具有可理解性（清晰性），全面则强调的是充分披露。

可理解性是指公司在提供信息时，应当考虑到使用者的理解能力，所提供的信息必须保持明晰性，避免表述得晦涩难懂。报告提供信息的方式和措辞应有助于使用者理解这些信息背后所包含的真实内容。它有两层含义：一方面关注信息的表达方式，另一方面是信息使用者的知识水平和理解能力。

充分披露是对信息披露数量的衡量标准，要求企业对外公布报告时，对那些不能纳入会计报表但又重要的事项，以表外附注等形式予以充分披露，不能有任何遗漏，以达到真实、公允、客观地向信息用户传递企业经济信息的目的。它包含两层意思：一方面要求按照相关法律法规规定，应当完整地和全面地披露，不得遗漏；另一方面要求公司并非事无巨细的披露，遵循简约原则，重大事项应充分、详尽地披露，对一般事项则只需简略说明甚至不披露，否则反而容易使报表使用者无从下手，降低投资者的决策效率。因此，充分披露原则在一定程度上已经暗含着重要性原则。

基于上述分析，吸收和借鉴现有研究成果，构建如下的信息披露质量体系，见图3－7。

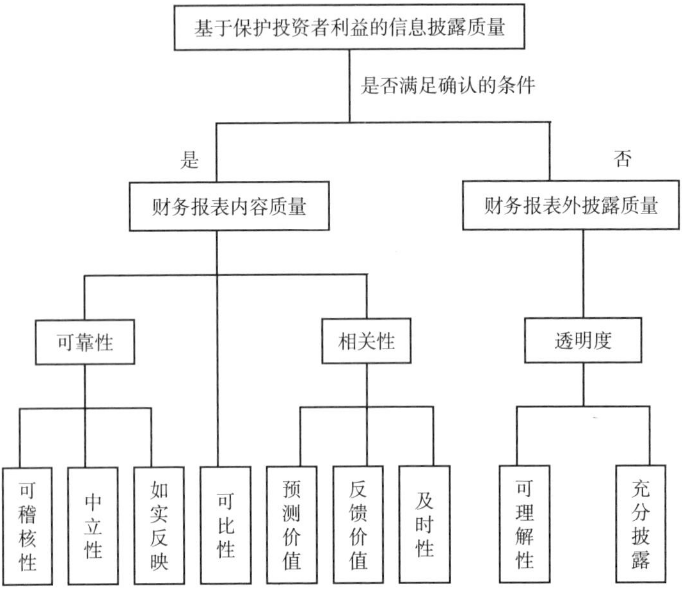

图3－7　基于投资者保护的信息披露质量体系

3.6　信息披露质量的度量

在实证研究的设计上，信息披露质量主要有3种度量方法：一是直接使用权威机构公布的信息披露质量评价指数；二是研究者自建信息披露质量指数；三是研究者选择能够反映信息披露质量的一些替代变量。

3.6.1　权威机构公布的信息披露质量评价指数

在国内外研究文献中，广泛被研究者采用的信息披露指数有：国际财务分析和研究中心的信息披露评价体系、投资管理和研究协会的披露指数、普华永道发布的“不透明指数”、标准普尔的透明度与披露评价体系以及深交所的信息披露评级。

（1）国际财务分析和研究中心的信息披露评价体系

国际财务分析和研究中心（Center for International Financial Analysis and Research，缩写为 CIFAR）于 20 世纪 90 年代初对各国公司披露数量进行评级，并发布 CIFAR 指数。该指数根据理论分析筛选出 90 个重要的披露项目，其样本来自 34 个国家 18 个不同制造业行业的 856 家公司。他们这些项目在公司年报中披露的情况进行量化，披露数量越多，CIFAR 指数越大，表明信息披露质量越高。CIFAR 指数在具体计算时主要基于以下 7 类信息披露：一般信息（8 项）、损益表（11 项）、资产负债表（14 项）、现金流量表（5 项）、会计政策披露（20 项）、股东信息（20 项）和其他补充性信息（12 项）。CIFAR 指数得分如果超过 90 分，就说明公开披露水平较高，同时对这些企业层次披露得分汇总后就得出国家层次的披露得分。

（2）投资管理和研究协会的披露指数

美国投资管理和研究协会（Association for Investment Management and Research，缩写为 AIMR）于 20 世纪 80 年代至 1995 年间每年都发布《公司报告实务年度评价》，旨在促进上市公司的报告与披露。AIMR 的各附属委员会由行业经验丰富的财务分析师组成，他们对来自 27 个行业 460 家公司的信息披露情况通过打分的方式进行评价。在评价过程中，主要考察 3 类重要信息：年度报告、季度报告和其他信息披露以及与投资者关系的活动。由于 AIMR 评级综合考虑了信息披露质量和数量，可信度较高，为许多研究采用。但在 1995 年后，AIMR 停止了其对上市公司的信息披露评价。

（3）普华永道发布的“不透明指数”

普华永道会计公司（Price Waterhouse & Coopers）于 2001 年制定并发布了一份关于全球 35 个国家（地区）的不透明指数（the opacity index）的调查报告，从腐败（corruption）、法律（legal system）、政府宏观与财经政策（government macroeconomic and fiscal policies）、会计准则与实务（accounting standards and practices）、政府管制（regulatory regime）5 个方面进行评分排序。不透明指数得分越高，表明披露的信息越不透明且经济运行的成本越高。相反，该指数越低，则表明信息披露越透明。从最后结果看，中国在 35 个国家和地区被列为透明度最低的国家，指数高达 87，而排名最低的新加坡只有29。

（4）标准普尔透明度与披露评分

标准普尔公司（S&P）发布的透明度和披露评价体系（简称T&D评级），将年报中的三大类信息分为98种属性，即所有权结构和投资者权利（28种）、财务透明度和信息披露（35种）以及董事会和管理层结构和运行（35种）。他们对公司提供这些信息的情况进行记分，然后汇总得出总体的透明度与披露评分（T&D Scores）。该方法主要只是对S&P所关注的公司进行打分，并将重点放在公司是否提供某类信息，而不考虑信息的质量。T&D Scores已被广泛用于跨国研究以比较各国之间公司信息透明度。

（5）深交所的信息披露评级

我国的深交所于2001年开始依据《深圳证券交易所股票上市规则》对在深交所上市交易的上市公司信息披露质量进行评级，主要从及时性、准确性、完整性、合法性4个方面综合考虑，并分别予以打分，形成“优秀、良好、及格和不及格”4个等级，在网站的诚信档案中公布。深交所根据规定跟踪上市公司全年的每一次披露行为，考核的范围包括强制性披露和自愿性披露，考核的内容包括财务信息和非财务信息的情况。这种权威机构的考评结果能够比较全面地反映上市公司信息披露的整体质量。

3.6.2 研究者自建信息披露质量指数

许多学者为了研究问题的需要自行构建信息披露质量的评价体系，他们一般先从理论分析出发，对研究的主题和目的所需的项目进行筛选，并进行赋值，最后加总后得到指标体系。在国外，Botosan（1997）最先进行了尝试。她将年报中的自愿性信息披露分为背景信息、历史信息汇总、关键的非财务信息和统计、前瞻性信息和管理层讨论与分析5个大类，然后对每一大类中关键点信息的披露情况予以赋值，最后进行汇总得出公司信息披露的总得分。分值越高，说明公司的信息披露质量越高。

在国内，南开大学公司治理研究中心创建并推出了中国上市公司治理评价指标体系及“南开治理指数”（CCGINK）。该指数有股东权益、董事会、监事会、经理层、信息披露和利益相关者6个维度，作为其中一个子指数的信息披露指数主要从完整性、真实性、及时性 3 个方面进行评价。王咏梅（2003）借鉴 Botosan（1997）的研究成果，设计了自愿信息披露指数，主要由以下 5 项组成：背景信息（8 项指标）、历史信息（4 项指标）、关键性非财务信息（16 项指标）、预测信息（9 项指标）和管理层讨论与分析（11 项指标）。每个公司根据项目的披露情况进行打分。崔学刚（2004）设计了信息披露指数来衡量公司的自愿性信息披露水平，总体由 41 个自愿性信息披露条目构成，每年对此进行打分汇总，从而构成信息披露质量指数。

3.6.3 相关的替代变量

在国内外研究中，也有研究者选取了一些信息披露质量的替代变量进行衡量，具体有：

（1）管理层盈余预测。管理层盈余预测提供了对未来盈余的预测信息，会进行一些其他相关的定性信息披露。定性信息披露越充分越全面则意味着整体披露质量越高，因此可用管理层盈余预测来度量公司的信息披露行为。

（2）盈余透明度。盈余是上市公司财务报告的核心组成部分，也是投资者最为关心的重要综合性信息之一，其披露质量在一定程度上反映了上市公司整体披露水平。高质量的信息披露意味者盈余透明度高，也即盈余确认越及时，公司经营越稳健，反之则说明盈余不透明。为此，Bhattacharya 等（2003）首先设计了盈余激进度、损失规避度和盈余平滑度 3 个指标以及它们的综合来表示总盈余不透明度。

（3）事件法，以上市公司因违规而被证券监管机构处罚的事件数目来判断上市公司整体信息披露质量，处罚次数越多则表明信息披露质量越差。

相比而言，选取权威机构公布的信息披露质量评价指数具有以下好处：首先，披露评价结果是公开的，取得成本相对较低，有广泛的适用性，而且评价结果不会因研究者的差异而改变，保证了研究结果的可验证性。其次，指标是相关领域的专家学者等权威人士的集体智慧，具有很强的权威性。此外，这些指标综合考虑信息披露的质和量，既包括公司正式披露（如年报、季报等）的质量评价，也包括非正式披露（如分析师与管理层的沟通等）的质量评价。基于我国的实际以及考虑到数据的可得性、完整性与权威性考虑，本书选取了深交所上市公司信息披露质量的评价指数。

3.7 本章小结

本章采用规范分析，主要侧重理论研究，阐述了信息披露的微观和宏观意义，回顾了国内外信息披露制度的历史变迁，基于我国目前资本市场的实际情况，如市场处于或者接近弱有效、信息披露质量普遍不高等，提出了应该选择信息披露的投资者保护观为目标；在此基础上，借鉴相关的研究成果，以信息披露质量是否满足确认条件为标准进行分类，将其分为财务报表内容质量和财务报表外披露质量，前者强调的是可靠性和相关性，而后者关注的是透明度，认为信息披露主要由充分披露和可理解性组成；最后对信息披露质量在实证研究中如何度量进行了简要的回顾，并选择深交所上市公司信息披露质量的评价指数进行实证。

4.

信息披露质量与债权人保护的实证分析

银行作为以营利为目的的商业化法人组织，只能按照契约的规定享受权利和承担义务，如享受按期获得利息收入并收回本金的权利等，并不直接参与企业的经营管理；利息收入和债务期限很大程度上取决于企业的风险状况。授信评估是银行控制信贷风险的关键手段，企业披露的会计等相关信息是银行授信的重要依据之一。高质量的信息披露则有助于降低信息不对称的程度和银行的信贷风险，从而减少因信息不对称产生的风险溢价，保护银行债权人的利益。

信息披露作为一种旨在减轻信息不对称程度的机制，在上市公司和银行等利益相关者间架起了一座沟通的桥梁。已有研究发现，财务报告信息在银行的信贷决策中已发挥着重要作用（胡奕明等，2005；饶艳超等，2005；孙铮等，2006；廖秀梅，2007；姚立杰等，2008；陆建桥等，2009）。但是，信息披露水平的提高能否显著降低企业的银行债务融资约束？信息披露质量的高低对银行的信贷期限结构有何影响？现有实证文献鲜有论及，更多的只是基于资本成本视角研究信息披露与企业债务融资的关系（Sengupat，1998；于富生和张敏，2007）。

此外，长期以来，财务学领域对企业债务融资的研究主要从资本结构出发，强调企业应选择与发展战略一致或保证自身价值最大化的债务契约。关于制度环境（包括司法体系）对企业债务契约及期限影响的经验研究近年来才逐渐受到部分学者的关注（Rajan 和 Zingales，1995；La Porta 等，1997；Gemirg Kunt 和 Maksimovic，1999；Booth 等，2001；Giannetti，2003；Fan 等，2004）。但是，在我国公有产权以及对债权人法律保护普遍不足等制度环境下，各地区市场化程度、政府干预及法制水平等差异如何影响信息披露水平的债务融资有效性，现有实证文献鲜有论及。目前我国正处于经济转型阶段，政府在资源配置方面仍具有很强的影响力，但这可能会受到地区间资源禀赋、地理位置以及国家政策的影响，导致各地区在市场化水平、政府干预程度以及法制水平等方面也呈现较大的差异（孙铮等，2005）。市场化程度不同，意味着不同地区的政治关系对企业债务融资的影响程度会有所不同：在市场化程度较高的地区，由于率先实行了政企分开等市场化政策，政府参与企业经营和银行借贷的程度要低于市场化程度较低的地区，从而使信息披露水平对企业债务融资的影响表现出较大差异。因此，研究转型经济中信息披露质量对新增银行借款的影响必须考虑这个特有的制度环境。

本章在借鉴现有研究成果的基础上，从总体上检验了信息披露质量的高低对企业银行债务融资及期限的影响，并从我国制度背景出发，引入所有权性质和制度环境因素，具体考察了不同信息披露水平下银行发放贷款时的行为差异。这不仅能够丰富国内外学者对企业的银行债务融资行为的相关经验研究，而且有助于梳理和验证影响企业银行债务融资的因素，使我们能够更加深入地理解导致国有银行差别贷款行为的制度根源，也可以为银行信贷决策和改进金融监管提供经验证据。

4.1 银行信贷发展的历程

银行借款和股票发行是企业最普遍的两种筹资方式。相比而言，银行借款因其资本成本低、手续方便和筹资速度快等优点备受青睐。据统计，公司每年从银行取得的借款数额较大并且呈上升趋势，所以银行借款在外部融资中占有非常重要的地位。叶志峰（2009）发现，1998—2006 年银行借款收到的现金数额分别约为 2.46 亿元、2.87 亿元、3.71 亿元、6.78 亿元、

7.56 亿元、8.50 亿元、10.01 亿元、12.39 亿元、15.25 亿元，分别占资产总额的 17.52%、19.04%、21.18%、28.85%、29.62%、29.63%、31.67%、35.00%、36.46%。银行信贷有效地支持了公司的发展壮大，这一成果的取得来自银行的商业化改革，但其路程却很漫长。

在改革开放之前，高度集中的计划经济使得中国人民银行实行“统存统贷”的信贷管理制度。伴随着改革开放，信贷的市场化进程发展迅猛。1984 年我国银行体系发生了重大的变化，中国人民银行正式改组为中央银行，而将商业银行的职能剥离给陆续组建的四大国有专业银行，并且于 1985 年颁布了《借款合同条例》，标志着我国商业银行信贷行为市场化的开始。随后，国有银行业务由政策驱动转换为由利润和竞争驱动。在 1992 年邓小平“南方谈话”后，我国市场经济发展方向得到了进一步的明确。1993 年 12 月，国务院出台《关于金融体制改革的决定》，标志着我国银行业全面改革的开始。1994 年，国家开发银行、中国农业发展银行和中国进出口银行三家政策性银行组建，承担着原国有商业银行中的政策性业务，从而为四大国有专业银行的商业化改造创造条件。1995 年，《中央银行法》和《商业银行法》相继颁布，保证了商业银行的独立地位，要求商业银行的信贷行为应当市场化。1996 年实施的《中国人民银行贷款通则》较为详细地规定了贷款人的权利、义务等，在商业银行内部加强贷款管理责任制，实施全过程、全方位的信贷风险防范机制。

1997 年的亚洲金融危机引发对信贷资产质量和金融风险的高度重视，1998 年，参照国际惯例，我国在全国范围内推广贷款质量的五级分类，即正常、关注、次级、可疑、损失 5 类。除了改革四大国有银行外，国家还开始允许成立地方银行，甚至允许成立非国有银行同四大国有银行开展竞争。这些银行的加入增强了市场的竞争程度，也增强了银行业的活力。2003 年 12 月 27 日，《关于修改〈中华人民共和国商业银行法〉的决定》更加强调银行业务的安全性，对建立健全风险管理和内部控制制度做出了相关规定。2004 年 7 月，中国银行业监督委员会颁布的《商业银行授信工作尽职指引》（以下简称《指引》），首次对商业银行征信、授信以及尽职调查等提出了详细的评价标准。为了控制银行风险，保证贷款质量，《指引》确立了我国商业银行授信工作的全过程制度规范。

面对日益竞争的信贷市场，银行作为一个独立的法人主体，以营利为目的，同时出于风险控制的考虑也保证信贷资产的质量。因此，有效的信贷分析是银行授信的开始，通过对公司财务报告等相关信息进行定量和定性分析，银行对公司偿债能力和盈利能力等相关情况有所掌握，从而做出是否给予贷款、贷款款量以及贷款期限等决策。张炜（2006）研究了银行对信贷风险评级的方法，如图 4－1 所示。

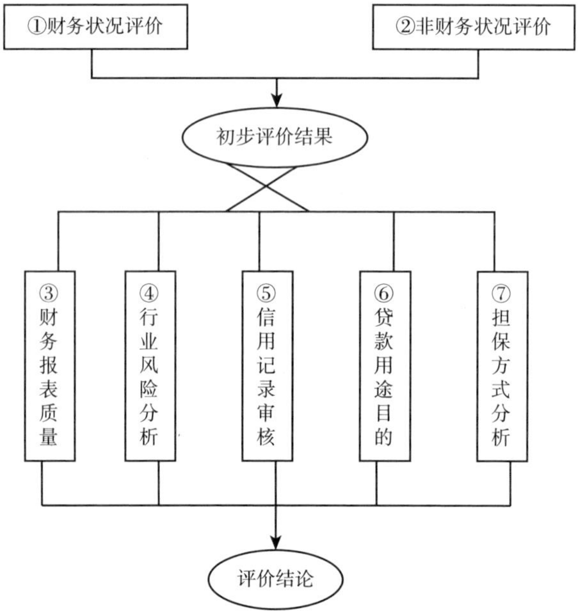

图 4－1　银行对信贷风险评级的方法

从图 4－1 看出，银行一是审核借款公司的财务状况，财务评估的权重约为 70%，主要包括公司的财务状况、经营成果等，评估的重点是公司的盈利能力和偿债能力；二是对借款公司的非财务状况进行评价，权重约为 30%，主要包括公司治理状况、公司所面临的外部环境等；三是对财务报表质量进行审核，它是进行准确信贷风险评级的信息来源，判断其可靠性和完整性；四是进行行业风险分析，判别主要盈利的增长及稳定性等；五是进行公司信用记录审核，评价公司的偿债记录，确定对企业评级结果有无影响；六是评估贷款用途目的，主要考虑贷款目的、用途等因素是否对借款人偿债风险有负面影响；七是担保方式评价，评价内容包括抵押、质押品的质量以及所有权问题。

4.2 信息披露质量与银行信贷的假说发展

作为内部人的股东与外部债权人存在着严重的信息不对称，债权人无法了解和把握股东的行为，为了保护其自身利益免遭股东的侵害，往往要求与股东签订债务契约，甚至有时会增设保护性条款，如限制额外的负债、不允许出售资产等，这些都是出于风险管理的考虑。授信评估是银行控制信贷风险的关键手段，会计信息可以衡量企业的偿债能力，是银行授信过程中的重要依据之一；获利能力越强、财务状况越好、变现能力越强的公司，就越有能力负担财务上的风险，银行举债融资也就越有吸引力。财务报告信息在银行信贷决策中的作用已经得到验证。Francis 等（2002）从信息观的角度考察了盈余质量和资本成本之间的关系，发现盈余质量较低的上市公司信用评级较低，债务融资成本较高；李小燕等（2003）指出企业业绩指标能够预测企业信用等级的变化以及提示企业违约风险；胡奕明等（2005）以上市公司披露的银行贷款数据分析了银行贷款政策与企业财务状况之间的关系，发现两者之间存在一定联系的证据；饶艳超等（2005）通过发放调查问卷了解了银行授信过程中会计信息及非财务信息的使用情况，发现银行对长短期借款、主营业务收入、资产负债率、流动比率和速动比率等财务信息高度重视，对企业诚信、抵押、保证人等非财务信息也尤为关注；孙铮等（2006）的研究发现会计信息与银行贷款的可能性显著相关；廖秀梅（2007）的实证研究发现会计信息降低了信贷决策信息不对称程度，提高了信贷决策正确的机会比率；叶志锋（2009）指出银行在对企业信用风险评级时，财务状况评估的权重约占 70%，非财务的评估则占 30%；Goncharov 和 Zimmerman（2007）发现了俄罗斯银行基于会计信息做出信贷决策的证据，财务杠杆、流动比率和总资产收益率解释了 43% 的银行债务变化；张纯和吕伟（2007）则从企业总体的报告质量进行研究，发现了高水平信息披露能够降低公司所面临的融资约束的证据。陆建桥等（2009）研究发现长期资产减值信息被银行接受，长期资产减值越多的企业获得的银行借款总量越少。

在正式的金融制度安排下，资本市场能够量化分析与评估潜在的信贷风险，主要的依据就是拥有具“可计算性”的企业经营管理等方面的信息。在债务契约签订前，银行通过会计信息等对企业的财务状况、经营成果以及可持续经营情况进行考核，据此确定是否贷款以及贷款的方式和额度；签约后通过考察企业资金投向以及使用情况，确定企业再贷款的信用程度，一旦发现企业违反债务契约约定，将及时收回贷款，以保护自身权益。企业如想顺利地进行融资活动，首先必须解决信息不对称给贷款人带来的资金风险评估问题，否则难以通过银行信贷审查。提高信息披露水平就是一种有效的方法（Diamond 和 Verricchia，1991）。高质量的信息披露有助于银行判断企业存在的风险，进而做出贷款利率和数量的决策。此外，企业融资规模越大、融资风险越高，银行要求企业提供的信息越多、质量越高。基于此，我们提出第一个假说。

假说 1：信息披露质量越高，企业所能获得的银行借款越多。

债务融资期限结构的选择是企业融资决策的重要内容之一。不合理的债务期限搭配不仅会影响债务融资的治理效应，而且容易使企业陷入财务困境，甚至危及一国的金融安全。从信息不对称角度来讲，银行作为专业性的借贷机构，可以和企业建立长期的合作和诚信关系，并据此获得借款企业的一些内部信息，包括风险偏好、信用状况、现金流和投资机会，以减少银行和借款企业之间的信息不对称程度。但是，由于长期借款的期限较长，企业面临的不确定性较大，发生违约的可能性较高，因此银行对外部履约机制的依赖性增强（Diamond，1991；Rajan，1992；孙铮等，2005），如法律对投资者保护的程度、所有权性质等。孙铮等（2005）发现了在市场化程度较低的地区，政府可以为与其保持密切关系的企业的长期借款提供“隐性担保”；廖秀梅（2007）认为政府主要通过对中长期借款的干预来影响银行的信贷决策。事实上，贷款期限越长，融资风险越大，银行对企业上一期会计信息的决策依赖性越弱。陆正飞等（2008）的研究也发现了新增长期借款与会计信息不存在显著相关性的证据。

对于企业短期借款而言，银行通常能及时、经常地获得贷款企业有关生产和经营方面的信息，从而有利于银行对企业进行更加紧密的监督（Diamond，1991；Rajan，1992），而且企业经营状况在短期内发生重大变化的可能性相对较小，短期债务的回收风险相对较低（Diamond 和 Rajan，2001）。因此，企业上年发布的财务报告的信息质量对短期借款有较大影响。一般而言，银行出于保护自身利益角度考虑，更愿意提供短期债务融资来对上市公司进行监督和控制（江伟、李斌，2006）。短期贷款使得企业不断再融资，也不断接受银行检查，银行则可以借此获得最新信息，减少信息不对称问题，控制信贷风险。基于此，提出第二个假说。

假说 2：相对于新增长期借款而言，信息披露质量与新增短期借款更具有正相关性。

在转型经济国家中，政府对部分资源配置的垄断权使得国有企业或国有控股公司与政府控制下的银行的关系较之与民营企业更为密切。Brandt 和 Li（2003）研究发现，私有企业和已经实施私有化的乡镇企业要比其他乡镇企业更难获得国有银行的贷款。Cull 和 Xu（2005）的研究也发现，与政府有密切关系的企业更可能获得国有银行的贷款。随着改革的不断深入，民营经济已经在我国整个国民经济中占有较大比重，而绝大部分商业银行贷款却主要流向了国有企业，民营企业仍面临严重的外部金融约束（Cull 和 Xu，2003；Allen、Qian 和 Qian，2005）。为了更好地考察其原因，关注反映政府与企业关系的主要变量就显得尤为重要，所有权性质对会计信息的债务契约有用性有着重要的影响。廖秀梅（2005）研究发现所有权性质制约了会计信息的信贷决策有用性，国有企业会计信息的信贷决策有用性较非国有企业弱；孙铮等（2005）则进一步分析了所有权性质对会计信息债务契约有用性的影响，发现国有企业的会计信息在债务契约中的作用要低于私有企业。王少飞等（2009）则从审计意见的视角进行了实证检验，发现好的审计意见对国有企业融资约束的影响作用不大。降低会计信息等在国有企业债务契约中的有用性的原因有：一是政府对银行信贷决策的直接干预，二是通过财政补贴、税收优惠或政策倾斜等各种方式为企业提供隐性担保。现有文献已经提供了经验证据。美国学者 Faccio 等（2006）证实了国有企业能够获得更多的银行贷款可能不是政府直接干预银行信贷政策的结果，而是政府为银行贷款提供了一种隐性担保。江伟和李斌（2006）认为国有公司可以获得更多长期贷款的原因是政府干预。袁淳等（2009）基于信用贷款的视角发现国有公司的信用贷款比例显著高于民营公司，指出这种信贷优惠主要源于政府对银行信贷决策的干预，而非隐性担保。

信息披露作为企业会计等相关信息的综合反映，减轻了信息不对称的程度，为银行信贷决策提供了重要依据，但这一作用会受到所有权性质的影响。对于国有上市公司而言，银行更可能出于政治目的而非营利目的来为其提供债务融资，原因在于我国的商业银行基本上由政府直接控股或通过国有企业间接控股，与国有企业拥有相同的终极所有者。因此，当国有上市公司需要债务融资时，银行可能会减少对国有公司的信息或担保需求，同时也较少考虑对国有公司的未来监督。如果国有企业陷入财务困境，政府也愿意为其提供援助，即使不能提供援助，政府也会为此“买单”；相反，当非国有上市公司需要债务融资时，银行会更多地考虑营利目的，从而要求其提供更多的信息或担保，银行为此也要进行严格的监督和控制。基于此，提出第三个假说。

假说3：与国有企业相比，信息披露质量对非国有企业新增银行借款影响更显著。

在经济转轨过程中，资源禀赋、地理位置以及国家政策的不同导致我国各地区的市场化程度存在较大的差异（孙铮等，2005），而各地区市场化水平的不同直接影响着银行的贷款行为。具体而言，在市场化水平比较高的地区，国有银行的市场化改革更加深入，各银行之间的竞争也更加激烈，因此这些地区的银行在发放贷款时会更多地考虑营利目的而非政治目的（Garcia－Herrero等，2005）；相反，在市场化程度较低的地区，政府为了地方经济的发展、社会就业、财政收入等因素，有很强的动机干预企业贷款决策。巴曙松等（2005）指出了地方政府通过协助、纵容或默许辖区企业的“逃、废债”行为来间接争夺国有银行的金融资源。孙铮等（2005）研究发现，在市场化程度较高的地区，贷款人面临着较高的长期债务履约成本，而在市场化程度较低的地区，政府的干预降低了企业的履约成本。在市场化程度较高的地区，由于政府对国有银行贷款干预的减弱以及所导致的国有银行经理激励机制的变化，银行将更能强化对公司贷款的监督，因此会采取更为严苛的措施加强贷款管理，如强化企业信息披露质量、要求提供更多的抵押品、调整贷款期限等。

此外，在信贷活动中，法律法规作为信用市场发展的重要决定因素（La Porta，1997），也影响着信息披露质量对债务融资约束的作用。完善的法律法规，较高的司法效率有助于减少企业的信贷约束，提高银行的贷款意愿（Jappelli 等，2005）。如果司法和法律体系不能够保障债权人的利益，贷款人则愿意提供短期借款而非长期借款，以控制风险（Diamond，1991；Rajan，1992）。就我国而言，司法体系尚缺乏一定的独立性，政府部门和官员干预司法部门独立运作的行为仍有存在，导致法律不能够有效的实施，法律条款的执行和落实有待加强，损害了法律规范的整体效率。尽管近年来我国的法治化建设取得了很大的进步，但要想做到司法真正的独立仍需要付出很大的努力。现行法律规定上市公司的司法管辖权属于所在地的中级人民法院，这样对于不同地区的上市公司来说，虽然其所处的国家大环境是一样的，但由于其所处地区的法治水平差异较大（樊纲、王小鲁，2007），影响了银行的贷款行为，进而会表现出较大的差异。在法治水平较高的地区，银行也有动机借助企业的信息披露机制来保护自身合法权益，降低信贷风险。

基于以上分析，提出第四个假说。

假说 4：在市场化程度越高、政府干预越低以及法治环境越好的地区，信息披露质量对新增银行借款的影响越显著。

4.3 研究设计

4.3.1 研究样本选择

银行在授信前要依据企业以上一年度的财务数据进行信贷评估，因此本书选择 2007—2009 年深市 A 股上市公司为研究对象，研究上一年的信息披露质量对本年度银行借款的影响。样本筛选如下：（1）剔除了在创业板上市的公司；（2）剔除金融行业的上市公司。样本的财务数据来自 WIND 数据库，缺失的数据通过手工搜集公司披露的年报获得，信息披露质量的评价来自深交所网站，实际控制人性质来自 CSMAR 数据库，各地区的制度环境数据来自樊纲等（2009）编制的《中国市场化指数——各地区市场化相对进程 2009 年报告》中我国（31 个省、自治区和直辖市）各地区的市场化指数。最后共得到 1 971 家上市公司的数据，并将上一年的信息披露质量和本年的银行借款等相关数据进行配对，其中 2009 年 737 家，2008 年 667 家，2007 年 567 家。①。为了保证回归结果的可靠性，本书对存在异常值公司的银行借款、短期借款和长期借款、公司规模、资产负债率和经营现金流等相关变量进行了上下 1% 的缩尾调整（winsorize），运用 Excel 和 Stata10 软件进行统计分析。

4.3.2 模型设定及变量定义

为了检验信息披露质量与银行贷款之间的关系，本章在借鉴胡奕明等（2007）和陆建桥等（2009）所设计模型的基础上，增加了资产负债率、规模、资产收益率、审计意见等控制变量，修正后的模型为：

$$loan_{i,t} = \alpha + \beta_1 \cdot quality_{i,t-1} + \beta_2 \cdot size_{t,i-1} + \beta_3 \cdot lev_{i,t-1} + \beta_4 \cdot roa_{i,t-1} + \beta_5 \cdot op_{i,t-1} + \beta_6 \cdot cash_{i,t} + \beta_7 \cdot seo_{i,t} + \beta \sum ind + \beta \sum year + \varepsilon_{i,t} \quad (4-1)$$

上述模型中各变量的定义如下：

（1）因变量

loan 表示公司单位资产新增银行借款，具体计算为第 t 年和第 $t-1$ 年银行借款（短期借款、长期借款和一年内到期的长期借款）之差除以第 $t-1$ 年总资产。为了验证假说 2，我们将 loan 分拆为 sloan（单位资产新增短期借款）和 lloan（单位资产新增长期借款），其中 sloan 表示第 t 年和第 $t-1$ 年短期借款之差除以第 $t-1$ 年总资产，lloan 表示第 t 年和第 $t-1$ 年长期借款（包括长期借款和一年内到期的长期借款）之差除以第 $t-1$ 年总资产。

（2）解释变量

①信息披露质量（quality）。目前国内外尚无统一的标准衡量，本章采

---

① 对 2009 年 S＊ST 鑫安发生重大破产重组为零资产的公司进行删除。

用了深交所每年在其网站“诚信档案”中将考核结果由低到高分为不及格、及格、良好和优秀4个等级予以公布，实证分析时采用了常用的两分法，将考评结果为“优秀”和“良好”的定义为1，而“及格”和“不及格”的为0。

②所有权性质（ownership）。在具体定义时，本章主要参照夏立军等（2005）以及孙铮等（2006）的研究方法，按实际控制人性质将上市公司分为国有和非国有两种类型。其中，国有企业包括地方国有企业、地方政府机构和中央企业或机构，非国有企业是指被集体所有制企业、外资和民营企业控股的上市公司，高校控制的上市公司也被定义为国有企业。

③制度环境（institution）。樊纲等（2009）根据2005—2007年3年的统计数据和调查资料数据，采用主成分分析法编制了我国各地区市场化相对进程指标。它分别由政府与市场的关系、非国有经济的发展、产品市场的发育程度、要素市场的发育程度以及市场中介组织的发育和法律制度环境构成。为了系统全面地研究制度环境影响信息披露质量对银行信贷契约的有效性，本书选择了市场化指数，以及构成该指数的政府干预指数和法治水平指数进行考察，并将2007年的数据列示，如表4-4所示。这些指数的大小具有一定的经济含义：市场化指数越大，表示市场化进程越快，政府干预指数越大，表示政府干预的程度越小，法治水平指数越大，表示法治水平越高。本书以各自的中位数为界限采用两分法，其中市场化指数低于其中位数代表市场化进程差，政府干预指数低于其中位数代表政府干预程度高，法治水平指数低于其中位数代表法治水平低。

（3）控制变量

除了信息披露质量之外，还需要控制其他一些可能影响银行借款的因素，具体可以分为上期和本期的财务指标。上期财务指标是因为银行发放信贷时需要企业提供的上一年度财务报告，包括资产负债率、公司规模、资产收益率、审计意见（廖秀梅，2007；胡奕明等，2007），本期财务指标则包括本期生产经营状况对银行借款产生影响的有关因素，如经营现金流和增发以及配股（孙铮等，2006；胡奕明等，2007；陆正飞等，2008；陆建桥等，2009）。具体定义见表4-1：

表 4-1　　相关变量的定义

变量名称	变量符号	变量含义
单位资产新增银行借款	loan	第 t 年和第 $t-1$ 年银行借款之差除以第 $t-1$ 年总资产
信息披露质量	quality	“优秀”和“良好”的定义为 1，而“及格”和“不及格”的为 0
所有权性质	ownership	实际控制属于国有性质时取 1，反之取 0
市场化进程	indexmar	市场化指数大于或等于中位数时取 1，反之取 0
政府干预指数	indexgov	政府干预指数大于或等于中位数时取 1，反之取 0
法治水平指数	indexleg	法治水平指数大于或等于中位数时取 1，反之取 0
规模	size	总资产的自然对数
资产负债率	lev	负债除以资产
资产收益率	roa	净利润除以总资产
审计意见	op	当审计意见为标准无保留意见时取 0，反之取 1
经营现金流	cash	经营现金流除以期初总资产
增发和配股	seo	增发和配股实际筹集的资金除以期初总资产

4.4　实证检验及结果分析

4.4.1　描述性检验

（1）信息披露质量

由表 4-2 可见，深交所 2006—2008 年信息披露质量较好（优秀和良好）的公司共有 1 291 家，占样本总数的 65.5%，其中考评“优秀”的样本公司分别为 56 家、63 家和 76 家，分别占当年样本总数的 9.88%、9.45% 和 10.31%，考评“良好”的分别为 304 家、348 家和 444 家，分别占当年样本总数的 53.62%、52.17% 和 60.25%。信息披露质量较差（及格和不及格）的公司达到 680 家，占样本总数的 34.5%，其中及格的公司数从绝对数来看有所上升，但从相对数来看呈先上升后下降的趋势，不及格的公司数则逐年递减，从 30 家降至 18 家。总体而言，上市公司的信息披露质量相对较高。

表 4－2　　信息披露质量的描述性统计

年份	优秀（家）	比例（%）	良好（家）	比例（%）	及格（家）	比例（%）	不及格（家）	比例（%）	总样本（家）
2008	76	10. 31	444	60. 25	199	27	18	2. 44	737
2007	63	9. 45	348	52. 17	229	34. 33	27	4. 05	667
2006	56	9. 88	304	53. 62	177	31. 21	30	5. 29	567
合计	195	9. 89	1 096	55. 61	605	30. 7	75	3. 8	1 971

表 4－3 列示了不同行业信息披露质量的绝对数分布情况，图 4－2 则是相对数分布。可以看出，在“不及格”和“及格”样本中，信息披露质量最差的分别是“房地产业”和“农、林、牧、渔业”，而在“良好”和“优秀”样本中，披露质量最高的是“电力、煤气及水的生产和供应业”和“交通运输、仓储业”。

表 4－3　　不同行业的信息披露质量的分布　　（单位：家）

行业	不及格	及格	良好	优秀	合计
采掘业	2	15	12	9	38
传播与文化产业	1	6	8	1	16
电力、煤气及水的生产和供应业	1	17	43	6	67
房地产业	7	59	73	11	150
建筑业	2	11	14	6	33
交通运输、仓储业	2	7	24	13	46
农、林、牧、渔业	1	13	12	1	27
批发和零售贸易	1	30	67	14	112
社会服务业	0	18	33	8	59
信息技术业	5	39	72	7	123
制造业	47	358	697	117	1 219
综合类	6	32	41	2	81

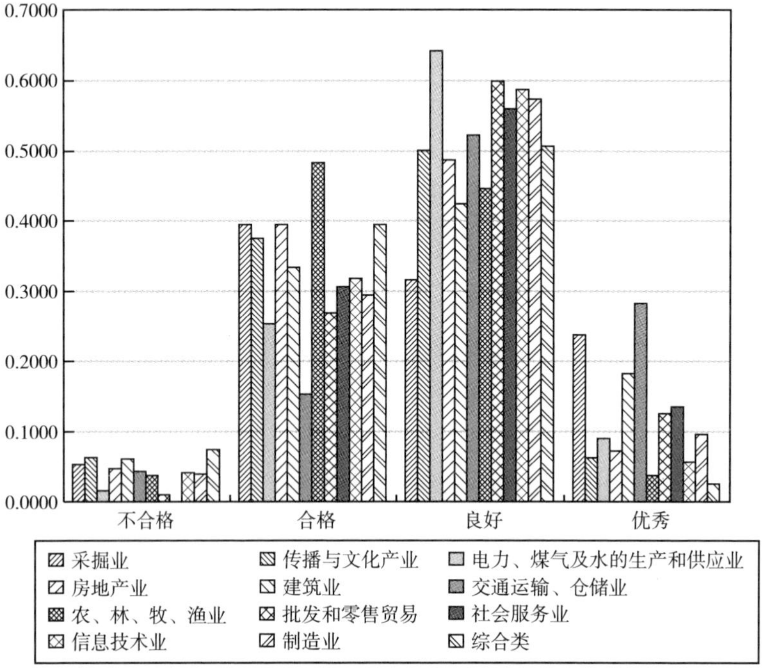

图 4-2　不同行业信息披露质量比例分布

（2）市场化指数、政府干预指数和法治水平指数

表 4-4　市场化指数、政府干预指数和法治水平指数的描述性统计

地区	市场化指数	政府干预指数	法治水平指数	地区	市场化指数	政府干预指数	法治水平指数
北京	9.55	9.31	8.41	湖北	7.40	9.11	5.79
天津	9.76	9.25	9.92	湖南	7.19	7.68	4.32
河北	7.11	8.69	5.27	广东	11.04	10.65	12.59
山西	6.23	6.96	4.78	广西	6.37	8.92	4.23
内蒙古	6.40	7.01	4.50	海南	6.88	8.45	3.87
辽宁	8.66	8.67	7.23	重庆	8.10	8.81	5.61
吉林	6.93	8.31	5.37	四川	7.66	9.46	5.96
黑龙江	6.27	8.07	5.46	贵州	5.57	6.62	3.76
上海	11.71	10.27	16.61	云南	6.15	8.07	4.63
江苏	10.55	10.60	11.50	西藏	4.25	1.13	3.89
浙江	11.39	10.12	13.89	陕西	5.36	7.13	4.99

续表

地区	市场化指数	政府干预指数	法治水平指数	地区	市场化指数	政府干预指数	法治水平指数
安徽	7.73	9.80	5.99	甘肃	5.31	6.57	3.79
福建	9.45	10.34	6.92	青海	4.64	5.07	2.79
江西	7.29	8.41	4.75	宁夏	5.85	7.03	3.80
山东	8.81	9.05	7.37	新疆	5.36	6.26	4.56
河南	7.42	8.54	4.99	—	—	—	

从上表可以看出，市场化进程最快和最慢的分别是上海和青海，它们对应的指标值分别为 11.71 和 4.64，前者是后者的两倍多；政府干预最强和最弱的分别为西藏和广东，指数分别 1.13 和 10.65，两者相差 8 倍多；法治水平最高的是上海，指数值为 16.61，最低的是青海，指数值为 2.79，它们相差近 6 倍。

（3）其他变量的描述性统计

从表 4-5 可以看出，新增银行借款的平均数为 0.0271，其中新增短期借款为 0.0078，长期借款则为 0.0195，表明企业新增的长期借款相对较多。资产负债率的均值为 0.5742，大于 0.5，说明上市公司负债较多，财务风险相对较高。资产收益率均值为 0.0686，最小值为 -0.3548，最大值则为 0.4975，说明上市公司获利能力差异较大。经营现金流的均值为 0.0652，比新增借款约多 0.0381，表明企业的现金流比较充裕。审计意见的均值为 0.0807，说明约有 8% 的上市公司财务报告被出具了非标准的审计意见。配股和增发的均值为 0.0214，与新增借款的均值相差不多，表明股权再融资也是企业获得资金的重要渠道。实际控制人为国有企业约占样本的 0.5378，表明国有企业略超过非国有企业。市场化进程、政府干预指数和法治水平的均值分别为 0.7874、0.7763 和 0.7615，三者分数较高并且相差不大，说明我国的制度环境相对较好。

表 4-5　　　　相关变量的描述性统计分析

变量	平均数	中位数	标准差	最小值	最大值
loan	0.0271	0.0029	0.1478	-0.4904	0.7299
sloan	0.0078	0	0.1056	-0.4073	0.4067
lloan	0.0195	0	0.09	-0.1752	0.5591

续表

变量	平均数	中位数	标准差	最小值	最大值
size	21.1276	21.0388	1.2302	10.8422	25.5041
lev	0.5742	0.5012	0.5621	0.0642	4.7832
roa	0.0686	0.0644	0.1008	-0.3548	0.4975
cash	0.0652	0.0593	0.1128	-0.3375	0.4524
op	0.0807	0	0.2724	0	1
seo	0.0214	0	0.1123	0	1.7775
ownership	0.5378	1	0.4987	0	1
indexmar	0.7874	1	0.4092	0	1
indexgov	0.7763	1	0.4169	0	1
indexleg	0.7615	1	0.4262	0	1

（4）对新增借款的单变量分析

表4-6检验了新增银行借款、新增短期借款和新增长期借款在两类不同的信息质量下是否存在差异。数据显示，当信息披露质量较低时，新增银行借款的均值和中位数分别为-0.0009和0，而信息披露质量较高时为0.0419和0.01229，前者明显小于后者，并分别通过了t检验和Wilcoxon检验，表明信息披露质量对新增银行借款有着显著的影响，提高信息披露质量有助于企业缓解债务融资约束。

表4-6　单变量分析

变量	quality=0		quality=1		t检验	p值	Wilcoxon检验	p值
	均值	中位数	均值	中位数				
loan	-0.0009	0	0.0419	0.01229	-6.1688	0.000	-6.681	0.000
sloan	-0.0158	-0.0003	0.0202	0.0001	-7.286	0.000	-6.446	0.000
lloan	0.01593	0	0.0214	0	-1.2722	0.2035	-3.898	0.001

将新增银行借款进一步分为新增短期借款和新增长期借款后的统计结果显示，信息披露质量较低时均值分别为-0.0158和0.01593，披露质量较高时则为0.0202和0.021，前者通过了显著性检验，而后者在统计上不显著，表明信息披露质量对新增短期借款有显著的影响，但对长期借款的影响需进一步研究。

4.4.2 相关性分析

表4-7中模型变量的相关性分析结果显示，新增银行借款与信息披露质量的相关系数都显著为正，信息披露质量越高，获得的新增银行借款越多，初步验证了“假说1”。从控制变量与新增银行借款的关系来看，公司规模越大，越容易获得新增借款；资产负债率越高，增加借款越少；盈利能力越强，越容易获得银行借款；现金持有量越多，银行借款越少；再融资的企业获得银行借款的能力相对较强。新增短期借款与信息披露质量的相关系数为0.162，而新增长期借款的系数为0.029，前者高于后者，说明相对于短期借款而言，信息披露质量对新增长期借款的影响相对较弱，初步验证了假说2。除了审计意见和资产负债率的系数为0.566外，其他变量的相关系数均小于0.4，表明采用的模型不存在严重的多重共线性。

表4-7　　变量之间的相关性分析

	loan	loan	lloan	quality	size	lev	roa	cash	op	seo
loan	**1.000**			**0.151**	**0.131**	**-0.102**	**0.157**	**-0.184**	**-0.249**	**0.039**
				0.000	**0.000**	**0.000**	**0.000**	**0.000**	**0.000**	**0.081**
Sloan		**1.000**		**0.145**	**0.070**	**-0.141**	**0.152**	**-0.138**	**-0.229**	**0.010**
				0.000	**0.002**	**0.000**	**0.000**	**0.000**	**0.000**	**0.674**
lloan			**1.000**	**0.088**	**0.102**	**-0.013**	**0.062**	**-0.059**	**-0.109**	**0.026**
				0.000	**0.000**	**0.571**	**0.006**	**0.009**	**0.000**	**0.258**
quality	0.138	0.162	0.029	**1.000**	**0.157**	**-0.173**	**0.233**	**0.088**	**-0.261**	**0.107**
	0.000	0.000	0.201		**0.000**	**0.000**	**0.000**	**0.000**	**0.000**	**0.000**
size	0.123	0.113	0.049	0.187	**1.000**	**0.233**	**0.043**	**0.102**	**-0.273**	**0.117**
	0.000	0.000	0.031	0.000		**0.000**	**0.056**	**0.000**	**0.000**	**0.000**
lev	-0.205	-0.270	0.000	-0.180	-0.281	**1.000**	**-0.253**	**-0.125**	**0.314**	**0.078**
	0.000	0.000	0.998	0.000	0.000		**0.000**	**0.000**	**0.000**	**0.001**
roa	0.125	0.152	0.041	0.162	0.047	-0.109	**1.000**	**0.217**	**-0.132**	**0.128**
	0.000	0.000	0.067	0.000	0.037	0.000		**0.000**	**0.000**	**0.000**
cash	-0.136	-0.132	-0.056	0.046	0.076	-0.110	0.169	**1.000**	**-0.126**	**-0.009**
	0.000	0.000	0.013	0.042	0.001	0.000	0.000		**0.000**	**0.689**
op	-0.283	-0.308	-0.093	-0.261	-0.329	0.566	-0.183	-0.082	**1.000**	**-0.078**
	0.000	0.000	0.000	0.000	0.000	0.000	0.000	0.000		**0.001**
seo	0.068	0.041	0.041	0.065	0.022	-0.010	0.098	0.008	-0.057	**1.000**
	0.003	0.070	0.070	0.004	0.328	0.653	0.000	0.718	0.012	

注：表中粗体为pearson相关相关系数矩阵，正常字体部分为spearman相关系数矩阵。各变量上方数值为相关系数，下方是P值。

4.4.3 多元回归分析

本部分采用回归分析的方法对提出的假说进行验证，在检验的过程中对异方差进行 robust 处理，以消除异方差的影响。

（1）信息披露质量与银行借款

表 4 – 8 的 Panel A 回归结果显示，在没有控制相关变量时，信息披露质量与银行借款的回归系数为 0.043，在 1% 的水平上显著。这表明，在不考虑其他变量的情况下，信息披露质量提高 1%，银行借款将会增加 0.043%，R – squared 为 0.019，说明信息披露质量对新增银行借款的解释力约为 2%，F 值显著为正，说明模型具有一定的解释力。Panel B 是控制相关变量后的回归结果，它们的回归系数为 0.016，在 5% 的水平上显著，表明控制相关变量后，信息披露质量对银行借款的影响有所减弱，披露质量每提高 1%，银行借款将增加 0.016%。上述回归结果都支持了“假说 1”，即企业信息披露质量越高，越容易取得银行借款。R – squared 为 23.7%，表明方程的拟合程度有所上升。

表 4 – 8　　“假说 1”的检验结果

	预测符号	loan			
		Panel A		Panel B	
		系数	t 值	系数	t 值
_cons	?	–0.001	–0.14	–0.037	–0.47
quality	+	0.043***	5.78	0.016**	2.43
size	+			0.002	0.62
lev	—			–0.021*	–1.61
roa	+			0.145***	2.81
cash	—			–0.237***	–4.58
op	—			–0.113***	–5.48
seo	?			0.055	1.09
industry	?			控制	
year	?			控制	
n		1 971		1 971	
R – squared		0.019		0.138	
F		33.43***		8.57***	

注：回归系数已经过 white 异方差处理；***、**、* 分别表示 1%、5%、10% 的水平上显著。

从相关控制变量的回归结果来看，资产负债率的回归系数显著为负，说明负债越多的公司，越不容易获得的银行借款；资产收益率的回归系数为正，意味着盈利能力越强，新增银行借款越多；经营现金流量越多的公司，银行借款越少；获得非标准审计意见的公司显著减少了新增银行借款。这些均表明银行在放贷时关注了企业财务信息。公司规模以及再融资的回归系数都为正，但没有通过显著性检验，表明在样本公司中规模及再融资对银行的信贷决策并没有显著影响。

（2）信息披露质量与债务期限

"假说 2"的检验结果如表 4－9 所示。

表 4－9　　　　"假说 2"的回归结果

	Panel A 因变量是新增短期借款		Panel B 因变量是新增长期借款	
	系数	t 值	系数	t 值
_cons	－0.001	－0.01	－0.006	－0.12
quality	0.016***	3.18	0.000	0.07
size	0.001	0.27	0.000	0.18
lev	－0.029***	－3.54	0.011	1.57
roa	0.125***	3.75	0.036	1.23
cash	－0.187***	－6.01	－0.039	－1.12
op	－0.074***	－6.21	－0.0412***	－3.77
seo	0.0137	0.45	0.027	1.27
industry	控制		控制	
year	控制		控制	
R－squared	0.171		0.0587	
N	1 971		1 971	
F	9.91		4.45	

注：*** 表示在 1% 水平显著。

Panel A 报告了信息披露质量对新增短期借款的影响，在控制相关变量后回归系数为 0.015，在 1% 的水平上显著。Panel B 表示当因变量为新增长期借款时，信息披露质量的回归系数都为正，但都没有通过 10% 水平上的显著性检验。由此说明，信息披露质量越高，企业越容易获得新增短期借款，但对新增长期借款却没有显著的影响，从而验证了"假说 2"。

相关控制变量的回归结果进一步显示，新增短期借款与资产负债率、资产收益率和审计意见具有显著的相关性，表明这些财务指标对短期借款影响很大。对于新增长期借款而言，除了审计意见外，其他相关财务指标的影响并不显著，从侧面也证明了短期借款更加侧重于以财务信息为核心的信息披露，长期借款则不然。可能因公司面临的不确定性增大，银行为了减少信贷风险，对外部履约机制的依赖性增强。

（3）所有权性质、信息披露质量与银行借款

表4－10列示了在不同所有权下信息披露质量对新增银行借款的影响。Panel A是实际控制人为国有性质的回归结果。新增银行借款和信息披露质量的回归系数为0.015，但没有通过10%水平上的显著性检验。Panel B报告的是实际控制人性质为非国有，信息披露质量的回归系数为0.017，在10%的水平上显著，表明在其他情况不变的情况下，信息披露质量提高1%，银行借款将增加0.017%。提高信息披露质量对国有企业新增银行借款的作用则影响较弱，因此支持了“假说3”。也就是说，信息披露质量对新增银行借款的作用受到所有权性质的影响，提高信息披露质量有助于增加非国有企业的银行借款，对国有企业的影响则相对较弱。

表4－10　　“假说3”的检验结果

预测符号	因变量：loan			
	Panel A 国有性质		Panel B 非国有性质	
	系数	t值	系数	t值
_cons	-0.250***	-3.10	0.331**	2.10
quality	0.015	1.62	0.017*	1.69
size	0.013***	3.51	-0.015*	-1.96
lev	-0.065***	-3.84	-0.012	-0.80
roa	0.094	1.46	0.184***	2.73
cash	-0.179**	-2.27	-0.304***	-4.94
op	-0.064***	-3.06	-0.153***	-4.80
seo	0.050	0.81	0.051	0.82
industry	控制		控制	
year	控制		控制	
n	1 060		911	
R－squared	0.124		0.2027	
F	5.37***		7.69***	

注：***、**、*分别表示在1%、5%和10%的水平上显著。

从控制变量来看，经营现金流对国有企业和非国有企业都有显著的影

响；没有发现股权再融资对两类企业有显著影响；规模与国有企业新增银行的回归结果显著为正，与非国有企业的回归结果则显著为负，说明规模越大的国有企业融资越容易，规模越大的非国有企业则相反。可能因为银行融资并非规模大的非国有企业融资途径的首选，资产负债率对国有企业的新增银行借款有显著的影响，却没有发现对非国有企业有显著的影响。可能与金融危机下为了保证中小企业渡过难关，国家对其进行信贷支持有一定的关系，资产收益率影响了非国有企业的银行信贷，对国有企业却没有显著的影响。方程的拟合程度尚可，并具有很强的解释力。

（4）制度环境、信息披露质量与银行借款

表4－11、表4－12和表4－13报告了不同制度环境下信息披露质量对新增银行借款的影响。表4－11是市场化程度高和低的回归结果，新增银行借款与信息披露质量的回归系数分别为0.014和0.025，前者在10%的水平上显著，后者则没有通过显著性检验。说明在市场化程度高的地区，信息披露质量提高1%，那么银行借款增加0.014%。在市场化低的地区，信息披露质量对新增银行借款的影响相对较弱。表4－12是政府干预低和高的回归结果，信息披露质量的回归系数分别为0.014和0.016，前者在10%的水平上显著，后者在统计上不显著，表明在政府干预低的地区，信息披露质量提高1%，那么银行借款会增加0.014%，而在政府干预高的地区，信息披露质量对新增银行借款的影响不显著。表4－13是法治水平高和低的回归结果。信息披露质量的回归系数分别为0.015和0.010，前者在10%的水平上显著，后者则在统计上不显著，表明在法治水平高的地区，信息披露质量每提高1%，银行借款增加0.015%，在法治水平低的地区，信息披露质量对新增银行借款的影响则相对较弱。因此，上述回归结果支持了“假说4”。也就是说，市场化程度越高、政府干预度越低以及法治环境越好的地区，信息披露质量对新增银行借款的影响越显著。

表4－11　　不同的市场化进程下的检验结果

预测符号	因变量：loan			
	Panel A 市场化程度高		Panel B 市场化程度低	
	系数	t 值	系数	t 值
_cons	0.003	0.03	−0.188	−1.34
quality	0.014*	1.81	0.025	1.61

续表

预测符号	因变量：loan			
	Panel A 市场化程度高		Panel B 市场化程度低	
	系数	t 值	系数	t 值
size	0. 001	0. 20	0. 009	1. 30
lev	-0. 021	-1. 44	-0. 046 *	-1. 88
roa	0. 116 **	1. 98	0. 247 ***	3. 45
cash	-0. 277 ***	-4. 71	-0. 061	-1. 01
op	-0. 121 ***	-4. 75	-0. 071 **	-2. 45
seo	0. 068	1. 14	0. 001	0. 02
industry	控制		控制	
year	控制		控制	
n	1 552		419	
R - squared	0. 1387		0. 1579	
F	6. 50 ***		4. 92 ***	

注：***、**、*分别表示在1%、5%和10%的水平上显著。

表 4-12　　　　不同政府干预程度下的检验结果

预测符号	因变量：loan			
	Panel A 政府干预高		Panel B 政府干预低	
	系数	t 值	系数	t 值
_cons	-0. 263 *	-1. 82	-0. 003	-0. 04
quality	0. 016	1. 11	0. 014 *	1. 89
Size	0. 012 *	1. 76	0. 001	0. 27
lev	-0. 071 **	-2. 36	-0. 019	-1. 30
roa	0. 107	0. 97	0. 154 ***	2. 82
cash	-0. 061	-0. 52	-0. 299 ***	-5. 60
op	-0. 069 **	-2. 18	-0. 123 ***	-5. 02
seo	-0. 005	-0. 10	0. 072	1. 12
industry	控制		控制	
year	控制		控制	
n	441		1 530	
R - squared	0. 1914		0. 1548	
F	4. 10 ***		8. 57 ***	

注：***、**、*分别表示在1%、5%和10%的水平上显著。

表 4-13　　不同的法治水平下的检验结果

预测符号	因变量：loan			
	Panel A 法治水平高		Panel B 法治水平低	
	系数	t 值	系数	t 值
_cons	0.029	0.33	-0.346**	-2.50
quality	0.015*	1.86	0.010	0.73
Size	-0.000	-0.11	0.017***	2.58
lev	-0.021	-1.42	-0.059*	-1.88
roa	0.155***	2.71	0.100	1.15
cash	-0.275***	-5.04	-0.128	-1.12
op	-0.119***	-4.82	-0.086***	-2.78
seo	0.076	1.18	-0.009	-0.19
industry	控制		控制	
year	控制		控制	
n	1 501		470	
R-squared	0.151		0.1605	
F	8.61***		3.74***	

注：***、**、*分别表示在1%、5%和10%的水平上显著。

从控制变量来看，规模因素对新增银行贷款的影响相对较弱；资产负债率在市场化程度低、政府干预程度高和法治化水平低时作用显著，说明尽管对银行的保护程度较弱，资产负债率仍是银行信贷的重要衡量标准；资产收益率和经营现金流则在市场化程度高、政府干预程度低和法治化水平高时影响较大，表明比较而言，在良好的制度环境下以财务信息为核心的信息披露更能起到作用；审计意见不论在什么样的制度环境下都对新增银行借款有显著的作用，说明在银行信贷过程中审计的重要性。

4.4.4　敏感性检验

为了增强回归结果的可靠性，我们对信息披露质量重新定义，采用四分法，将不及格、及格、良好和优秀分别用 0、1、2、3 表示，一方面可以防止因对信息披露错误定义影响研究结果的可靠性，另一方面可以区分每个信息考评层次。信息披露层次越高，所获得的评价分值越高，意味着披露质量越高。

（1）信息披露质量、银行借款及其债务期限

表 4－14 中 Panel A 是对“假说 1”的回归结果。因变量为新增银行借款，在控制了相关变量后，回归系数变为 0.016，仍在 1% 的水平上显著。这表明，信息披露质量越高，新增银行借款越多，进一步支持了“假说 1”；Panel B 和 Panel C 列示了因变量分别为新增短期借款和长期借款时对“假说 2”的检验结果。信息披露质量的回归系数分别为 0.015 和 0.001，前者在 1% 水平上通过了显著性检验，后者则在统计上不显著，说明信息披露质量对新增短期借款具有更显著的影响，而对长期借款的影响相对较弱，进一步支持了“假说 2”。

表 4－14　“假说 1”和“假说 2”的敏感性检验

预测符号	Panel A 新增银行借款		Panel B 新增短期借款		Panel C 新增长期借款	
	系数	t 值	系数	t 值	系数	t 值
_cons	-0.032	-0.41	0.003	0.07	-0.005	-0.10
quality	0.016***	3.29	0.015***	4.14	0.001	0.43
lev	-0.022*	-1.65	-0.029***	-3.60	0.011	1.57
size	0.001	0.38	-0.000	-0.06	0.000	0.12
roa	0.137***	2.63	0.118***	3.52	0.035	1.17
op	-0.110***	-5.41	-0.071***	-6.05	-0.041***	-3.73
cash	-0.240***	-4.63	-0.189***	-6.10	-0.039	-1.13
seo	0.053	1.05	0.012	0.39	0.026	1.25
ind	控制		控制		控制	
year	控制		控制		控制	
N	1 971		1 971		1 971	
R－squared	0.14		0.175		0.059	
F 值	8.86***		10.15***		4.49***	

注：***、*分别表示在 1% 和 10% 的水平显著。

（2）所有权性质、信息披露质量与银行借款

在表 4－15 中，Panel A 和 Panel B 分别为国有性质和非国有性质的实际

控制人，前者的回归结果未通过显著性检验，后者则在 10% 水平上显著为正，说明与国有企业相比，信息披露质量对非国有企业的新增银行借款的影响更为显著，印证了“假说 3”。

表 4－15　　“假说 3”的敏感性检验

预测符号	因变量：loan			
	Panel A 国有性质		Panel B 非国有性质	
	系数	t 值	系数	t 值
_cons	－0. 240 ***	－2. 96	0. 327 **	2. 06
quality	0. 016	1. 51	0. 013 *	1. 80
size	0. 012 ***	3. 09	－0. 015 **	－1. 98
lev	－0. 065 ***	－3. 84	－0. 012	－0. 83
roa	0. 081	1. 25	0. 181 ***	2. 65
cash	－0. 180 **	－2. 28	－0. 308 ***	－4. 98
op	－0. 061 ***	－2. 95	－0. 151 ***	－4. 75
seo	0. 049	0. 79	0. 050	0. 79
industry	控制		控制	
year	控制		控制	
n	1 060		911	
R－squared	0. 128		0. 203	
F	5. 45 ***		7. 79 ***	

注：***、**、* 分别表示在 1%、5%、10% 的水平上显著。

（3）制度环境、信息披露质量与银行借款

表 4－16、表 4－17 和表 4－18 的敏感性检验结果表明，在市场化程度高、政府干预程度低和法治水平高的样本中，信息披露质量的回归系数都显著为正，而市场化程度低、政府干预程度高和法治水平低的样本却没有通过显著性检验，说明在制度良好的地区提高信息披露水平有助于帮助公司较为方便地获得信贷，进一步验证了“假说 4”。

表 4-16　　不同的市场化进程下的敏感性检验

预测符号	因变量：loan			
	Panel A 市场化程度高		Panel B 市场化程度低	
	系数	t 值	系数	t 值
_cons	0.003	0.03	0.217	0.59
quality	0.013 **	2.25	0.019	0.72
size	0.000	0.07	-0.018	-1.03
lev	-0.021	-1.46	0.054	0.84
roa	0.110 *	1.87	0.473 ***	2.55
cash	-0.280 ***	-4.74	0.589 ***	3.77
op	-0.120 ***	-4.74	-0.154 **	-2.06
seo	0.066	1.11	-0.0052	-0.32
industry	控制		控制	
year	控制		控制	
n	1 552		419	
R-squared	0.140		0.070	
F	6.61 ***		2.56 ***	

注：***、**、* 分别表示在 1%、5%、10% 的水平上显著。

表 4-17　　不同政府干预程度下的敏感性检验

预测符号	因变量：loan			
	Panel A 政府干预高		Panel B 政府干预低	
	系数	t 值	系数	t 值
_cons	0.046	0.12	-0.002	-0.03
quality	0.011	0.41	0.013 **	2.46
size	-0.009	-0.49	0.001	0.13
lev	0.007	0.11	-0.019	-1.32
roa	0.190	1.02	0.147 ***	2.67
cash	0.623 ***	4.05	-0.302 ***	-5.65
op	-0.150 **	-1.99	-0.121 ***	-5.03
seo	-0.096	-0.67	0.070	1.08
industry	控制		控制	
year	控制		控制	
n	441		1 530	
R-squared	0.082		0.156	
F	2.95 ***		8.73 ***	

注：***、** 分别表示在 1% 和 5% 水平显著。

表 4-18　不同的法治水平下的敏感性检验

预测符号	因变量：loan			
	Panel A 法治水平高		Panel B 法治水平低	
	系数	t 值	系数	t 值
_cons	0.031	0.34	-0.214	-0.62
quality	0.012**	2.19	0.015	0.66
size	-0.001	-0.23	0.007	0.42
lev	-0.021	-1.46	-0.025	-0.45
roa	0.150***	2.61	-0.135	-0.80
cash	-0.277***	-5.07	0.357***	2.68
op	-0.117***	-4.84	-0.134**	-2.00
seo	0.075	1.15	-0.044	-0.35
industry	控制		控制	
year	控制		控制	
n	1 501		470	
R-squared	0.152		0.038	
F	8.66***		1.93***	

注：***、** 分别表示在 1% 和 5% 水平上显著。

综上分析，敏感性检验进一步验证了本章的假说，从而证明结论是稳定和可靠的。

4.4.5　动态研究分析

为了进一步考察信息披露质量对银行债务融资的影响，本章采用动态的研究方法，选取 2008 年上市公司为样本，并且这些公司要么一直保持良好或优秀的评级，要么是“及格”与“不及格”，将前者定义为 1，而后者取 0。实证回归结果如表 4-19 所示。

表 4 - 19　　　　对“假说 1”和“假说 2”的动态检验

	Panel A 新增银行借款		Panel B 新增短期借款		Panel C 新增长期借款	
	系数	t 值	系数	t 值	系数	t 值
_cons	0.0885	0.64	0.0549	0.58	0.0341	0.43
quality	0.0439**	2.07	0.0379***	2.65	-0.0133	-1.10
lev	-0.0113	-0.37	-0.0419*	-1.84	0.0507***	2.63
size	-0.0053	-0.83	-0.0024	-0.54	-0.0016	-0.43
roa	0.1329***	1.76	0.0786	1.58	0.0629	1.49
op	-0.1771***	-4.01	-0.0582***	-1.96	-0.0853***	-3.39
cash	-0.3520***	-5.13	-0.2509***	-5.44	-0.1035***	-2.65
seo	0.0114	0.12	0.0176	0.28	-0.0129	-0.24
ind	控制		控制		控制	
N	442		442		442	
R - squared	0.054		0.101		0.036	
F 值	2.47***		3.76***		1.92**	

注：***、**、*分别表示在 1%、5%、10% 的水平显著。

表 4 - 19 中的 Panel A 的结果表明，信息披露质量与银行信贷的回归系数显著为正，说明一直保持高质量信息披露的公司更容易获取银行贷款。与信息披露质量较差的公司相比，它们约高出 0.0439，这比表 4 - 7 的静态回归系数还要大；Panel B 和 Panel C 列示了信息披露质量对银行借款期限的影响，信息披露质量与短期银行借款存在显著的正相关关系，与长期借款的关系却不显著，结果表明信息披露质量对短期银行借款更为有效，说明即便是公司一直保持高质量的信息披露，仍不能影响长期银行贷款，意味着公司要想获得长期借款，更多地是依赖于外部因素。

表 4 - 20 列示了不同所有权性质下信息披露质量对银行信贷的影响。在非国有企业的样本中，信息披露质量与短期银行借款之间显著正相关，这一关系却在国有企业中有所弱化，表明不论公司如何提高信息披露质量，对国有企业的信贷影响都是有限的，但这对非国有企业非常有用。这进一步说明了非国有企业提高信息披露质量的重要性。

表 4 – 20　　对“假说 3”的动态检验

预测符号	因变量：loan			
	Panel A 国有性质		Panel B 非国有性质	
	系数	t 值	系数	t 值
_cons	0. 7439 ***	3. 20	–0. 2734	–1. 53
quality	0. 0092	0. 29	0. 0484 *	1. 83
size	–0. 350824 ***	–3. 22	0. 0093	1. 13
lev	0. 03450	0. 72	0. 0333	0. 64
roa	0. 1808 *	1. 69	0. 1956 ***	2. 65
cash	–0. 4098 ***	–4. 10	–0. 2623 ***	–2. 87
op	–0. 2590 ***	–3. 66	–0. 0563	–1. 11
seo	–0. 0145	–0. 12	0. 0458	0. 33
industry	控制		控制	
n	237		205	
R – squared	0. 167		0. 063	
F	3. 77 ***		1. 76 **	

注：***、**、* 分别表示在 1%、5%、10% 的水平上显著。

表 4 – 21、表 4 – 22 和表 4 – 23 的动态检验结果表明，在市场化程度高、政府干预程度低和法治水平高的样本中，信息披露质量与银行信贷的回归系数都显著为正，而这一关系在市场化程度低、政府干预程度高和法治水平低的样本中没有通过显著性检验，说明公司持续保持高质量的信息披露在制度良好的地区有助于帮助公司较为方便地获得信贷，而在制度环境差的地区作用不大。这一结论意味着在制度环境较好的地区公司积极提高信息披露质量有助于环境融资约束。

表 4 – 21　　不同市场化进程下的动态检验

预测符号	因变量：loan			
	Panel A 市场化程度高		Panel B 市场化程度低	
	系数	t 值	系数	t 值
_cons	0. 3081 *	1. 99	–0. 0445	–0. 15
quality	0. 0398 *	1. 64	0. 0027	0. 06
size	–0. 0153 **	–2. 17	–0. 0014	–0. 10

续表

预测符号	因变量：loan			
	Panel A 市场化程度高		Panel B 市场化程度低	
	系数	t 值	系数	t 值
lev	0. 0628 *	1. 63	0. 1020	1. 31
roa	-0. 0402	-0. 44	0. 7445 ***	4. 36
cash	-0. 4224 ***	-5. 50	0. 3027	1. 35
op	-0. 2351 ***	-3. 56	-0. 0483	-0. 76
seo	-0. 0685	-0. 67	-0. 0052	-0. 32
industry	控制		控制	
n	353		89	
R - squared	0. 124		0. 264	
F	3. 93 ***		2. 85 ***	

注：***、**、* 分别表示在 1%、5%、10% 的水平显著。

表 4 - 22　　　　不同政府干预下的动态检验

预测符号	因变量：loan			
	Panel A 政府干预高		Panel B 政府干预低	
	系数	t 值	系数	t 值
_cons	0. 2032	0. 69	0. 2745	0. 52
quality	0. 0251	0. 59	0. 0619 **	2. 20
size	-0. 0090	-0. 49	-0. 0065	-0. 53
lev	0. 0486	0. 55	-0. 0009	-0. 02
roa	0. 6048 **	2. 53	-0. 1043	-0. 71
cash	-0. 2271	-0. 93	-0. 3742 ***	-3. 60
op	0. 2669	1. 24	-0. 2386 ***	-2. 82
seo	0. 2669	1. 24	-0. 0150	-0. 10
industry	控制		控制	
n	92		350	
R - squared	0. 2745		0. 156	
F	3. 03 ***		8. 73 ***	

注：***、** 分别表示在 1% 和 5% 水平显著。

表 4－23　　不同法治水平下的动态检验

预测符号	因变量：loan			
	Panel A 法治水平高		Panel B 法治水平低	
	系数	t 值	系数	t 值
_cons	0.1848	1.10	0.3120	－0.24
quality	0.0494 *	1.86	0.0145	0.47
size	－0.0093	－1.24	0.0071	0.64
lev	0.0016	0.04	－0.0808	－1.50
roa	0.0971	1.00	0.0526	0.51
cash	－0.2954 ***	－3.31	－0.4813 ***	－5.15
op	－0.2504 ***	－3.83	－0.1030 **	－2.27
seo	－0.0228	－0.20	0.2608	1.57
industry	控制		控制	
n	345		97	
R－squared	0.027		0.312	
F	1.59 *		3.56 ***	

注：***、**、*分别表示在1%、5%、10%的水平显著。

4.5　本章小结及启示

债权人按照契约的规定到期定期收回本金和利息，他们更多地希望公司将所借的资金投入风险较小的项目，这可以保证债权人资金的安全性。一旦公司将资金投入高风险项目，会增加破产的风险，债权人将会承受部分损失。即便公司没有破产，投资所产生的风险溢价更多地由股东享有，也会导致债权人和股东之间对风险的态度存在差异，从而引起两者之间的代理问题，主要有两种表现形式：资产替代（asset substitution）和投资不足（underinvestment）。前者认为股东可以通过先许诺选择风险较小的项目进行筹资，而后却投资在风险较高的项目，成功后股东可以获得超额收益，一旦失败股东只承担有限责任，债权人也承担了项目失败的部分后果；后者是指股东承担着公司投资的全部成本，却只能得到投资净收益中的剩余部分，公司的负债比例越高，股东得到的剩余部分就越少，因此股东对 NPV 为正的项目存在投资不足的问题。

债务的代理成本和股东的逆向选择问题可以通过提高信息披露质量得到一定的缓解，可以使两者利益趋于一致，对银行债权人也是一种保护作用，降低银行信贷风险。因此，银行在信贷决策时考察公司对外的信息披露质量，既可以考虑公司的偿债能力、盈利能力等相关的财务指标，也可以考虑公司治理状况、核心竞争力、发展前景等相关的非财务指标。因此，公司的信息披露质量对银行信贷决策非常重要：一方面是银行进行风险控制的主要手段，有助于银行提高信贷决策的质量，可以保证银行的资产质量以及盈利能力等；另一方面提高信息披露质量也能使公司获得低廉的银行借款，如较低的利率、减少资产的抵押等。

鉴于此，本章选取了 2007—2009 年 A 股深市上市公司为样本对象，基于新增银行借款的视角检验了信息披露质量对银行债务融资的影响。结果表明，信息披露水平提高能显著降低企业的银行债务融资约束，影响银行的信贷决策，信息披露质量越高的公司，越容易获得银行借款。进一步研究发现，相对于长期借款而言，信息披露质量对新增短期借款具有更显著的影响，说明信息披露质量影响短期借款；与国有企业相比，信息披露质量对非国有企业新增银行借款的影响更显著，提高信息披露质量有助于减少非国有企业的融资约束；在市场化程度越高、政府干预程度越低、法治水平越高的地区，信息披露质量对新增银行借款的影响越显著，表明制度环境越好的地区，信息披露所起的作用越明显。

本章的研究具有如下启示：

（1）提高信息披露质量有助于减轻资本市场中信息不对称的程度，能够优化资源配置效率，有效保护债权人等利益相关者。因此，企业应强化信息披露质量，提高信息透明度，让银行等债权人更好地了解企业生产经营活动的实际情况，使银行信贷决策建立在更为充分的信息基础之上，尽可能减少因融资约束而产生的相关风险。

（2）样本数据统计显示，2007—2009 年上市公司长期借款分别增长了 368 亿元、516 亿元和 864 亿元。但是，本章的实证研究却发现信息披露质量对新增长期借款的影响非常有限，说明在进行长期信贷时信息披露不是主要的参考依据，外部因素如政府的干预等才是被更多依赖的因素，这为银行的金融安全埋下了重大隐患。因此，从长远角度看，应继续完善相关法律法规，加速推进市场化制度建设，尽量减少对借款市场的行政干预，让银行自主地根据企业实际经营状况进行信贷决策，以更好地维护债权人的利益。

（3）在借款市场，需要强化会计准则建设和信息的自愿披露。政府监管部门应继续强化上市公司信息披露监管，坚持强制性披露与自愿性披露相结合的原则，激励企业自觉提高信息披露质量，并对虚假披露或误导信息的责任者予以严惩，防范和化解金融风险，尤其是信贷风险，促进金融市场的良性发展。

（4）国有企业与政府之间更为密切的关系会降低会计信息的债务契约有用性，所有权性质的影响可能主要源于政府仍然在许多资源配置中倾向于国有企业，从而为国有企业的贷款提供了一种隐性担保或者政府干预。可以说，国有企业多年来的发展壮大与国家的优惠政策和信用保证密不可分，其特殊的发展模式和所有权现状又使得负债相机治理效应无法充分体现。这一方面不断积累了银行的信贷风险，对我国金融体系的安全与稳定埋下了巨大隐患；另一方面也导致不同性质企业不能在市场中公平竞争。因此，在深化国有企业改革过程中，必须弱化国有企业行政化运行模式，加快市场化建设的进程，消除不同性质公司的融资差别，提高我国微观经济的运行效率。

（5）在信贷交易中，法律法规的重要功能之一是保护债权人权益，减少银行贷款风险。法律对投资者和债权人的保护能够促进金融市场和金融中介的发展，进而促进企业投资和经济增长。如果没有明确的债权人利益的法律、缺乏规范的破产程序、没有公正的裁决机构和有效的执法机关，债权人利益将不能受到明确和有力的保护，即使有支付能力的借款人也可能不愿偿付债务。目前我国相关的法律法规尚不完善，对债权人的法律保护相对较弱，再加上公司治理结构不完善，致使债权人权益受到侵犯，加大了银行贷款风险。因此，在推进我国市场化进程、深化金融体制改革过程中，必须加快对相关法律制度的建设，提高法治水平，加强对利益相关者权益的保护。

5.

信息披露质量与中小股东保护的实证分析

自 Berle 和 Means（1932）开创性地提出了所有权和控制权高度分离的观点后，公司治理的研究一直关注于股权分散的情况下股东和管理层之间的代理问题。但是，近年来的研究发现，世界上绝大多数国家的公司股权是相对集中而非普遍分散的（La Port 等，1999；Faccio 和 Lang，2002；Claesssen 等，2000）。如 La Port 等（1999）发现在 27 个高收入的国家中约有 64% 的公司存在控股股东；Faccio 和 Lang（2002）发现除了英国和爱尔兰之外，其他西欧国家的股权都比较集中，其中 44.29% 由家族控制；Claesssen 等（2000）研究了新兴国家的股权集中度情况，40% 以上的公司由家族控制。在集中的股权结构下，控股股东利用其在上市公司的控制权与投票权获取控制权私人收益，却不能为其他股东分享（Grossman 和 Hart，1983；Dyck 和 Zingals，2004）。控股股东常常从上市公司中转移资源和利润，造成对中小股东的利益侵害。因此，公司治理的重要问题是如何保护中小股东的利益，而不是管理者侵害外部股东的利益。Grossman 和 Hart（1988）认为，只要控股股东不持有 100% 的股份，他们就可能选择牺牲中小股东的利益而谋取控制权私人收益。Sheifer 和 Vishny（1997）指出，代理问题来自控股股东与中小股东之间的冲突，而非管理者与分散的股东。Fuerst 和 Kang（1998）发现，即便在股权分散的美国证券市场上，也存在控股股东的侵害行为。Pagano 和 Roell（1998）以及 Johnson 等（2000）分别分析了股东侵害中小股东利益可能的手段和行为，如给控股股东派出的高级管理者支付过高的报酬，通过上市公司进行担保贷款，稀释中小股东的股权，通过关联交易进行利润转移等。控股股东的侵占行为不仅损害中小股东的利益，甚至会阻碍资本市场的发展。Johnson 等（2000）指出，1997—1998 年发生的金融危机是由控股股东的资金占用造成的，资产从公司中转移出去，利润则被抽走，集团公司的困境通过其他公司使用债务担保予以支持。对于那些法律能够阻止控股股东侵占的国家而言，金融危机所造成的影响则相对较轻。Bertrand 等（2002）指出，控股股东的侵占行为可能会降低经济的透明度，盈余等财务数据发生歪曲，进而导致外部投资者更不容易准确评价公司的财务状况等。Mock 等（2005）进一步指出，控股股东的资金占用不但会使资源发生错配，而且还会使经济增长缓慢。可见，控股股东与中小股东的利益冲突问题是国外研究的热点问题。

我国上市公司股权也比较集中，“一股独大”现象比较普遍，控股股东侵占中小股东利益的现象屡见不鲜，如猴王股份、美雅尔、西安飞天等。其中，猴王股份自 2001 年开始以 9.34 亿元的总资产承担着控股股东猴王集团 11.3 亿元的资金占用。唐宗明和蒋位（2002）的研究发现，我国上市公司控股股东对中小股东的侵占程度远远高于英美国家。资金占用是侵占中小股东利益的主要方式之一（王鹏等，2006；高雷等，2007），这已引起众多学者的关注。李增泉等（2004）研究了所有权结构和资金占用的关系，发现控股股东的资金占用与第一控股股东持股比例存在先上升后下降的关系，且其控制方式和产权性质对资金占用行为有着重要的影响。高雷等（2006）系统地研究了公司内部和外部治理机制对控股股东掏空行为的影响，发现股权集中和企业集团控制加剧了控股股东的掏空行为，管理者持股、基金持股和产品市场竞争均能抑制控股股东的掏空行为，独立董事却不能有效抑制这一行为。王鹏和周黎安（2006）从最终控制人控制权和现金流权分离的视角研究了控股股东对上市公司的资金占用问题，发现在其他条件给定的情况下，控股股东的控制权越大，则越有动力侵占公司的利益，呈现“侵占效应”；相反，现金流权越大，侵占公司利益的动力越小，呈现“激励效应”。罗党论和唐清泉（2007）则基于市场环境的视角进行研究，发现地区间政府干预市场越少、金融市场越发达，该地区的上市公司越不会发生控股股东的掏空行为，地方政府的财政赤字则会直接或间接驱动控股股东的掏空行为。

事实上，控股股东作为内部人拥有的信息优势为侵占中小股东提供了得天独厚的条件，加剧了他们之间的信息不对称。提高信息披露水平则是一种有效的解决措施，可以提高上市公司透明度，成为保护中小股东利益免受侵占的重要保障。审计作为一种外部治理机制是公司信息披露质量的重要保证，在一定程度上也能缓解代理问题，减少控股股东的资金侵占，保护中小投资者权益，这种监督和保护可以通过选择审计质量较高的事务所得以实现。然而，现有文献鲜有基于信息披露质量视角研究其对上市公司控股股东资金占用及事务所选择的影响。鉴于此，本章选取深市 A 股 2007—2009 年上市公司为样本，研究信息披露质量与控股股东资金占用之间的关系，在此基础上考察信息披露质量、控股股东资金占用与公司价值等。这一研究为深入加强信息披露监管、强化外部审计的治理效应提供了经验依据，并将丰富信息披露与控股股东资金占用的相关文献。

5.1 中小股东保护的现状

我国资本市场自成立之日起，就存在着“高度集中、一股独大”的特殊股权结构，同时存在相关配套法律法规不健全等问题，这为控股股东侵害中小股东的利益创造了先天条件，导致各种违规行为屡禁不止。资金占用是控股股东侵占中小投资者利益的主要方式之一。中国证监会于 2002 年底对上市公司进行了检查，发现有 676 家公司存在资金占用现象，总额为 967 亿元。在随后的几年里，控股股东的占用行为虽有所收敛，但仍屡屡发生且金额较大。截至 2006 年，有 95 家上市公司存在资金占用问题，金额累计近 255.7 亿元。至 2007 年末，控股股东资金占用金额超过 1 亿元的仍有 9 家公司。至 2008 年 5 月，有 30 家公司的约 69.9 亿元资金被控股股东占用。由此可见，中国证监会的严格查处在一定程度上起到了威慑作用，但仍没有从源头上阻止这一行为的发生。如大湖水殖股份有限公司（600257）在 2009 年发生控股资金79 281 675元，其中与控股股东湖南泓鑫控股有限公司发生的非经营性占用为7 881 675元，与控股股东的附属公司上海泓鑫置业有限公司发生的经营性占用为71 400 000元。控股股东把上市公司视为“取款机”和“摇钱树”，想方设法地进行掏空，成为资本市场健康发展的“毒瘤”。因此，要想彻底杜绝控股股东的资金占用，需要从根本上找原因。

控股股东之所以能够占用上市公司的资金，既有体制方面的原因，也有意识、法治环境等方面的原因，如改制上市、股权分置、投资者保护意识弱等。然而，这些问题的解决并不能完全消除控股股东的资金占用，因为它们不能从根本上消除“一股独大”的股权结构。研究发现，控股股东资金占用发生在股权分散国家的概率要远远小于股权集中程度较大的国家，美国的上市公司股权高度分散，业绩较好且竞争力更强，中小股东的权益得到较为成功的维护；而日德等国家的股权较为集中，资金占用问题较为严重。在集中的股权结构下，控股股东拥有绝对的控制权，能够直接或间接地控制股东大会、董事会等相关管理层的选聘，影响着公司的重大决策，而中小股东缺乏参与公司治理的途径，很难给公司的决策和管理施加重大影响。因此，他们之间存在着利益不一致的情况，作为理性经济人的控股股东有动机且有能力对上市公司进行资金占用，获取控制权收益。其后果不仅严重损害了中小投资者的利益，而且破坏了我国资本市场的正常运行秩序，导致信用体系缺失，进而影响投资者的信心，最终使得我国证券市场丧失了一定的资源配置功能。因此，从信息披露的视角研究控股股东的侵占行为，对保护广大中小投资者的利益、维护证券市场的正常秩序和提升市场信心都有着重要的理论与现实意义。

5.2 信息披露质量与资金占用的假说发展

在股权集中的上市公司，控股股东与中小股东在治理决策和目标函数上存在很大差异。控股股东所拥有的股份买卖受到一定的限制，难以实施“用脚投票”的机制，而管理层的机会主义行为又使其面临较大的不确定性。因此，控股股东受法律的影响有动力直接参与公司的重大经营决策、决定董事会的构成以及经理的选择，通过这些方式可以控制上市公司。控股股东凭借控制权优势，掌握着更多的私人信息，并通过选择披露不透明的财务报告来保持信息优势。信息不对称程度越高，控股股东越容易产生侵占中小股东利益的动机，攫取控制权的私人收益越大。周中胜和陈俊（2006）发现，资金占用越严重的公司发生盈余管理的程度越高。控股股东为了自身利益需要通过见不得人的行为转移上市公司的资产和利润，达到掏空上市公司的目的，即产生隧道行为（tunneling）（Johnson 等，2000）。

高质量的信息披露能够缓解上述代理问题，起到很强的治理和保护作用，既可以阻止管理层等内部人对外部投资者的利益侵占，改善公司治理机制，降低投资风险，也可以降低投资者之间的信息不对称程度，减少逆向选择，提高资本市场的流动性。一言以概之，有效的信息披露有助于减少市场参与者所获得的信息差异，降低交易成本，约束内部人的机会主义倾向，减少控股股东的掠夺行为。正如美国大法官 Louis Brandeis（1914）所言：（信息）披露才能矫正社会及产业上的弊病，因为阳光是最佳的防腐剂，灯光是最有效的警察。尤其是在法律保护不很充分时，提高信息披露水平可以有效地保护中小股东利益（Mitton，2002）。高质量的信息披露则有助于中小股东准确地了解控股股东的控制权私人收益情况，并可通过法律诉讼或者“用脚投票”的方式保护自身利益（Shleifer 等，1997）。监管部门也能借此及时发现问题，并通过严格的监管和惩处机制迫使控股股东放弃资金侵占动机，由此本章提出“假说 1”：

假说 1：信息披露质量越高的公司，其控股股东的资金占用越少。

控股股东的占用资金影响到上市公司正常的生产经营活动，甚至会导致公司陷入财务困境，其结果是中小股东为此“买单”。当他们意识到自己投资的资金被占用时，就会对股票市场失去信心，不愿意再进行投资，所以整个股票市场因为大量投资的退出而出现“柠檬化”的现象，有可能还会引发金融危机（Johnson 等，2000；Bertrand 等，2002）。Faccio 和 Lang（2000）发现，利益侵害更多地发生在控股股东存在的企业，这种行为不但加剧了代理冲突，而且降低了企业的市场价值。我国学者姜国华、岳衡（2005）研究发现，控股股东占用上市公司资金越严重，公司未来的经营越差。高雷等（2007）也指出，有关联担保的上市公司的 Tobin – Q 比无关联担保的公司平均低 0. 2。良好的投资者保护制度增加了控股股东通过“隧道挖掘”谋取自身私利的成本，在一定程度上制约了控股股东的掠夺行为，能够减少代理成本，增强投资者信心，提高外部融资能力和公司价值，因此保护中小股东利益可以有效提升公司价值（La Porta 等，1999）。La Porta 等（2002）发现对投资者保护较好的英美法系国家的公司价值显著高于其他国家。

对投资者保护的有效方式之一就是保证他们的知情权，提高信息披露质量。高质量的信息披露能够有效降低信息不对称程度，让投资者更充分地了解公司的经营状况和投资决策，防止公司价值被低估。投资者一旦发现值得投资的优质公司，他们将愿意为此支付更高的价格。这极大地方便了公司的融资并降低成本，进而提升公司的价值。同时，提高信息质量也有助于对公司内部人进行有效监督，改善公司治理，一定程度上能缓和代理问题。信息披露将公司的内部治理和外部治理有机地联系起来，并形成一种良性循环，最终使公司价值得到提升。Baek 等（2004）以 1997—1998 年韩国的金融危机为背景，发现信息披露质量越高的公司，其股价下跌的幅度越小。Mitton（2002）研究了亚洲金融危机时期印度尼西亚、韩国、马来西亚、菲律宾以及泰国的公司层面的特征对业绩的影响，也发现了较高质量的信息披露与市场业绩显著正相关的经验证据，由此提出“假说 2”：

假说 2：控股股东资金占用越多的公司价值越低，与信息披露质量较差的公司相比，信息披露质量较高的公司的价值则更高。

公司所有权和经营权的分离产生了对独立审计的需求。理论上讲，代理成本越高的公司越有高质量审计的需求，因为这可以提高财务报告的可靠性，对代理人通过盈余管理等方式隐瞒信息起到一定的约束作用。然而，现有经验研究并未得出一致的结论。例如，高强和伍利娜（2007）的研究发现，大股东占款问题越严重的公司越倾向于选择高质量审计师，以发挥外部审计监督的治理作用；周中胜和陈汉文（2006）则发现大股东资金占用越严重的公司越没有动机聘请高质量的审计师。

我们认为，从需求角度讲，信息披露质量高的公司有动机选择审计质量高的事务所。他们能揭示出公司的不利情况，限制公司内部人获取控制权私利的能力，提高公司的信息透明度，进而可增强投资者对公司信息信赖的程度，更好地对公司价值做出评估，有助于降低融资成本和增加公司价值；相反，如果选择质量低的事务所，则会向投资者传递一种不好的信号，投资者的权益没有得到很好的保护，从而增加公司的融资成本。从供给角度讲，高质量的事务所为了维持其声誉，也有动机去选择风险较低的公司，这在一定程度上减少审计风险，因为声誉高和规模大的事务所往往更容易因“深口袋”效应而遭到起诉，其后果会更加严重，所以他们更倾向于信息透明度高、风险小的公司。在审计过程中，他们为了降低风险也倾向于选择更为严格、稳健的会计政策，这对缓解公司内部代理问题将起到很强的治理作用，进而降低控股股东的资金侵占程度，王鹏和周黎安（2006）等指出选择“四大”会计师事务所[①]的概率越高的公司发生的资金占用越少，据此提出：

假说3：信息披露质量高的公司更倾向于选择审计质量高的会计师事务所。

假说4：选择高质量会计师事务所概率越高的公司，发生的控股股东资金占用越少。

5.3 研究设计

5.3.1 研究样本选取

本章选取2007—2009年深市A股上市公司为研究对象，研究上一年的信息披露质量对本年度控股股东占用的影响，并在此基础上进行深入研究。

样本筛选如下：

（1）剔除在创业板上市的公司；

（2）剔除金融行业的上市公司。

样本的财务数据来自WIND数据库，缺失的数据通过手工搜集公司披露的年报获得，信息披露质量的评价来自深交所网站。其中，2009年选取样本737家，2008年选取样本667家，2007年选取样本567家。为了保证回归结果的可靠性，对存在异常值公司的Tobin－Q和资产负债率等相关变量

① “四大”会计师事务所指普华永道（PwC）、德勤（DTT）、毕马威（KPMG）和安永（EY）会计师事务所。

进行了上下1%的缩尾调整（winsorize），运用Excel和Stata10软件进行统计分析。

5.3.2 模型设计及变量的定义

为了检验假说，本章借鉴了李增泉等（2004）等的相关研究成果，构建了如下模型：

$$tun_{i,t} = \alpha + \beta_1 quality_{i,t-1} + \beta_2 share1_{i,t} + \beta_3 share2to5_{i,t} + \beta_4 owner_{i,t} + \beta_5 group_{i,t} + \beta_6 em_{i,t} + \beta_7 mar + \beta_8 lev_{i,t} + \beta_9 size_{i,t} + \beta_{10} year_{i,t} + \beta_{11} indu_{i,t} + \varepsilon_{i,t} \quad (5-1)$$

$$Tobin-Q_{i,t} = \alpha + \beta_1 tun_{i,t} + \beta_2 tun_{i,t} \cdot quality_{i,t-1} + \beta_3 share1_{i,t} + \beta_4 share2to5_{i,t} + \beta_5 owner_{i,t} + \beta_6 mar + \beta_7 size_{i,t} + \beta_8 lev_{i,t} + \beta_9 year_{i,t} + \beta_{10} indu_{i,t} + \varepsilon_{i,t} \quad (5-2)$$

$$auditor_{i,t} = \alpha + \beta_1 quality_{i,t-1} + \beta_2 share1_{i,t} + \beta_3 share2to5_{i,t} + \beta_4 owner_{i,t} + \beta_5 roa_{i,t} + \beta_6 lev_{i,t} + \beta_7 size_{i,t} + \beta_8 year_{i,t} + \beta_9 indu_{i,t} + \varepsilon_{i,t} \quad (5-3)$$

$$tun_{i,t} = \alpha + \beta_1 \mathrm{Prauditor}_{i,t} + \beta_2 share1_{i,t} + \beta_3 share2to5_{i,t} + \beta_4 owner_{i,t} + \beta_5 group_{i,t} + \beta_6 em_{i,t} + \beta_7 mar + \beta_8 lev_{i,t} + \beta_9 size_{i,t} + \beta_{10} year_{i,t} + \beta_{11} indu_{i,t} + \varepsilon_{i,t} \quad (5-4)$$

tun表示控股股东的资金侵占，定义为其他应收账款与总资产的比值。在实务中，控股股东占用上市公司资金一般通过关联方销售形成的应收款项和以“暂借款”形式形成的其他应收款项判断，相对于前者而言，后者更具有隐蔽性等特点，因而成为控股股东侵占的主要内容。当然，其他应收款也包括一些与控股股东资金侵占行为无关的经济事项，如职工预借的差旅费等。姜国华和岳衡（2005）的研究已表明，控股股东资金占用都是其他应收款的重要组成成分，而且占用时间长、还款难度大。相反，其他应收款所包含的非控股股东借款则能够及时收回，且对公司的价值影响很小。以2007年S*ST兰光为例，该公司的其他应收账款的余额为473 100 541.20元，扣除坏账准备的净额为367 073 312.86元，该账户中应收持本公司5%（含5%）以上股份的股东单位及其他关联单位的款项合计449 476 938.62

元，占期末其他应收款总额的95.01%，仅关联单位深圳兰光经济发展公司就欠411 552 248.44元，约占其他应收款余额的86.99%；又以2009年深华发A为例，其他应收账款的余额为106 451 885.82元，扣除坏账准备的净额为98 540 829.55元，控股股东武汉中恒欠款79 814 531.55元，约占其他应收款的74.98%①。

Tobin－Q表示年末公司价值，反映的是公司市场价值与重置成本之比。由于重置成本比较难以获得，通常用年末账面总资产进行替代，市场价值由债务的账面价值与权益的市场价值组成。目前我国存在流通股和限售流通股，我们用每股市场价值和账面价值分别表示，与限售流通股相比，流通股则可以获得市场价格。最后计算公式为：

Tobin－Q＝(每股价格×流通股＋每股账面价格×限售股＋负债的账面价值)/年末总资产

虚拟变量auditor表示高质量的事务所。DeFond等（1999）、李树华（2000）等采用两分法将事务所分为“十大”和“非十大”，胡奕明和唐松莲（2007）等将排名在前十位的百强事务所定义为“前十大”，其他均为“非十大”。本章也采用相同的定义方法，当事务所为“前十大”时，auditor取值为1，反之为0。

share1表示第一控股股东的持股比例；share2to5表示第二控股股东至第五控股股东的持股之和，衡量股权的制衡效应；group表示集团控制性质的上市公司。具体定义参照李增泉等（2004）的研究——将第一控股股东为国有资产管理局、国有资产经营公司、政府部门（如财政局）和学校或者科研机构等不从事具体经营活动的组织和单位定义为非集团公司控制，变量取0，其他类别为集团控制，变量取1；em表示盈余管理，微利和配股是盈余管理的主要动机。为此，我们将净资产收益在0—1%以及6%—7%定义为有盈余管理动机，em取值为1，反之为0；size用来控制企业的规模，用总资产的自然对数表示；lev表示资产负债率；year和indu分别表示年份和行业的虚拟变量。

---

① 资料来源：甘肃兰光科技股份有限公司公布的年报。

5.4 实证检验及结果分析

5.4.1 描述性统计分析

（1）其他应收账款的分析（见表5－1）

表5－1的数据显示，2007—2009年其他应收账款存在余额的公司数分别为58家、23家和36家，占样本总数的比重为10.23%、3.45%和4.89%，占年末总资产的比例为0.30%、0.03%和0.02%。其他应收账款不论是绝对数还是相对数，2007年的数额都非常大，后两年则相对比较小。就总体而言，与姜国华等（2005）的研究相比，控股股东资金占用的情况有所改善。

表5－1　其他应收账款的描述性统计

年份	其他应收款（家）	比例	均值（%）	总样本数（家）
2009	36	4.8847%	0.0217	737
2008	23	3.4483%	0.0301	667
2007	58	10.2293%	0.3039	567

从表5－2可以看出，控股股东资金侵占信息披露质量低和高的均值分别为0.002532和0.00028，前者大于后者，并通过均值t检验，表明在信息披露质量高的公司中控股股东资金占用相对较轻，初步验证了"假说1"；高质量的事务所信息披露质量低和高的均值分别为0.208824和0.293571，后者大于前者，并通过均值t检验，意味着信息披露质量高的公司选择高质量事务所的动机更强，初步验证了"假说3"。

表5－2　信息披露质量与资金侵占、高质量事务所选择之间的关系

变量	信息披露质量低		信息披露质量高		t检验	z检验
	均值	中位数	均值	中位数		
tun	0.002532	0	0.00028	0	2.5752***	0.542
auditor	0.208824	0	0.293571	0	－4.0708***	－4.055***

注：***表示在1%水平显著。

此外，其他主要变量的描述性统计见表 5－3：

表 5－3　　其他主要变量的描述性统计

变量	均值	中位数	标准差	最小值	最大值
tun	0.0011	0	0.0185	0	0.6634
Tobin－Q	2.2689	1.7109	1.9722	1.7109	15.3117
share1	0.3465	0.32	0.1492	0.0364	0.8245
share2to5	0.1610	0.1395	0.1134	0.0025	0.5622
group	0.9574	1	0.2020	0	1
em	0.0939	0	0.2917	0	1
size	21.2428	21.1615	1.2932	10.8422	25.6505
lev	0.5729	0.4984	0.5840	0.0560	5.0805

控股股东资金占用的均值为 0.0011，与姜国华等（2005）的研究相比，资金占用的均值有所减少，表明政府的严格监管起到了一定的作用，对投资者的保护有所增强。Tobin－Q 的均值 2.2689，最小值和最大值分别为 1.7109 和 15.3117，说明上市公司之间的市场价值差异较大。Share1 的均值为 0.3465，一股独大现象仍然比较严重。share2to5 的均值为 0.1610，第二大股东到第五大股东持股之和相对较小，可能不会起到制衡控股股东侵占的作用。group 的均值为 0.9574，表明约有 96% 的公司存在集团控制。em 的均值为 0.1，表明存在微利和配股动机的公司相对较少。

5.4.2　相关性分析

表 5－4 列示了研究变量之间的相关关系，其他应收账款与信息披露质量呈显著的负相关关系，初步验证了“假说 1”，市场价值与其他应收款为负相关关系，与其他应收款和信息披露质量的交互项呈正相关关系，但两者均未通过显著性检验，这可能是因为没有控制相关变量的原因，需要做进一步检验。此外，研究变量之间的相关系数都较小，不存在多重共线性。

表 5 - 4　变量之间的相关性分析

	tun	quality	indexmar	ownership	share1	group	em	size	Share2to5	tun · quality	Tobin - Q
quality	-0.058	1									
	0.010										
indexmar	-0.037	0.072	1								
	0.099	0.002									
ownership	0.027	0.048	-0.112	1							
	0.236	0.034	0.000								
share1	0.032	0.140	0.053	0.189	1						
	0.156	0.000	0.019	0.000							
group	0.012	-0.011	0.007	-0.181	0.001	1					
	0.592	0.643	0.756	0.000	0.968						
em	-0.002	-0.019	-0.011	0.041	-0.009	0.008	1				
	0.923	0.401	0.614	0.072	0.701	0.735					
size	-0.014	0.207	0.010	0.305	0.186	-0.0189	0.009	1			
	0.548	0.000	0.672	0.000	0.000	0.402	0.685				
share2to5	0.004	0.043	0.126	-0.275	-0.330	0.047	0.006	-0.141	1		
	0.855	0.058	0.000	0.000	0.000	0.039	0.803	0.000			
tun · quality	0.192	0.037	-0.008	-0.018	-0.031	0.011	0.064	-0.016	0.031	1	
	0.000	0.100	0.709	0.430	0.173	0.633	0.004	0.490	0.164		
Tobin - Q	-0.005	-0.123	-0.025	-0.093	-0.173	-0.014	-0.068	-0.546	-0.004	0.026	1
	0.817	0.000	0.274	0.000	0.000	0.549	0.003	0.000	0.874	0.248	
lev	0.005	-0.170	0.027	-0.032	-0.096	0.035	-0.062	-0.282	-0.021	-0.022	0.469
	0.843	0.000	0.233	0.151	0.000	0.121	0.006	0.000	0.360	0.335	0.000

5.4.3 多元回归分析

表5－5采用了混合数据和分年度样本对“假说1”进行回归检验。结果发现，在使用混合数据进行检验时，其他应收账款与信息披露质量的回归系数在10%的水平上显著为负，说明信息披露质量高的公司要比低的公司平均少约为0.0026的其他应收账款，表明提高信息披露质量有助于减少控股股东的资金占用，可以有效地保护其他投资者，验证了“假说1”。从控制变量来看，控股股东持股比例的回归系数在5%的水平上显著为正，表明其持股比例越高，越容易发生资金占用行为。group的回归系数在10%的水平上显著为正，表明在此水平下集团公司更容易发生资金占用。indexmar的回归系数在10%的水平上显著为负，表明市场化程度越高的地区越不容易发生资金占用情况。分年度检验的回归结果则表明，在2007年和2008年间，其他应收账款和信息披露质量显著为负，而在2009年回归的系数为负，但没有通过显著性检验。总体而言，高质量的信息披露可以减少控股股东的资金占用，进一步验证了“假说1”。

表5－5　信息披露质量与资金占用

因变量	2007—2009年	2007年	2008年	2009年
_cons	0.0024 (0.35)	0.0001 (0.00)	0.0019 (0.58)	0.4780 (1.01)
quality	－0.0026 (－1.74*)	－0.0071 (－2.25**)	－0.0007 (－1.92*)	－0.0005 (－0.86)
ownership	0.0012 (1.33)	0.0040 (1.25)	0.0005 (1.23)	－0.0004 (－1.19)
share1	0.0069 (2.22**)	0.0225 (2.05**)	－0.0001 (－0.08)	0.0005 (0.70)
group	0.0015 (1.92*)	0.0029 (0.42)	0.0005 (0.66)	0.0000 (0.51)
em	－0.0004 (－0.46)	－0.0016 (－0.32)	－0.0005 (－0.88)	－0.0002 (－1.27)

续表

因变量	2007—2009 年	2007 年	2008 年	2009 年
size	0. 0000 (-0. 08)	0. 0000 (0. 03)	-0. 0001 (-0. 55)	0. 0000 (-0. 86)
share2to5	0. 0055 (1. 57)	0. 9760 (1. 29)	0. 0014 (0. 90)	-0. 0008 (-1. 18)
lev	-0. 0005 (-0. 63)	-0. 0024 (-0. 95)	0. 0004 (1. 32)	-0. 0001 (-1. 04)
indexmar	-0. 0019 (-1. 76*)	-0. 0058 (-1. 65*)	-0. 0004 (-0. 90)	0. 0001 (0. 71)
indu	Control	Control	Control	Control
year	Control	Control	Control	Control
N	1 971	567	667	737
Adj R - squared	0. 0177	0. 0067	0. 0246	0. 0069
F 值	1. 59	1. 19	1. 84	0. 27

注：表格的上方为回归系数，下方为 T 值，* 表示 p < 0. 05，** 表示 p < 0. 01。

事实上，控股股东占用上市公司的资金存在差异，相比而言，资金占用越严重的上市公司，提高信息披露水平越能引起相关监管部门高度重视以及广大投资者密切的关注。此外，将其他应收款全部作为控股股东占用的资金进行检验，也存在一定的局限，该账户可能包含了应该计入的经济事项而非全部是资金占用，但这部分资金一般相对较小。因此，为了提高研究的准确性，我们对控股股东的资金占用重新定义，以其他应收账款的均值为界限，超过均值表示控股股东存在资金占用的情况，设值为 1，反之为 0，运用逻辑回归方法（logit）做了进一步检验。因为控股股东的资金占用是其他应收款的重要组成部分，所以其金额越大，说明控股股东资金占用越严重。结果如表 5 -6 所示。

表 5 - 6 的结果显示，其他应收账款和信息披露质量的回归结果为 -0. 8981，在 5% 的水平上显著，表明在样本中高质量的信息披露公司可以使控股股东发生资金占用的可能性减少约 90%，进一步说明高质量的信息披露能够有效地减少大额资金占用。此外，我们还发现市场化程度高的地

区，发生资金占用的可能性较小。

表 5 -6　　　　logit 回归检验结果

因变量	系数	Z 值	P
_cons	1. 8647	0. 76	0. 45
quality	-0. 8981	-2. 51	0. 012
owner	0. 5260	1. 53	0. 127
share1	1. 1462	1. 07	0. 283
em	-0. 4267	-0. 68	0. 499
size	-0. 1813	-1. 63	0. 104
share2to5	2. 2132	1. 34	0. 18
lev	-0. 2044	-0. 94	0. 348
indexmar	-0. 5927	-1. 68	0. 093
indu	Control		
year	Control		
N	1 706		
Pseudo R2	0. 1072		
Wald	55. 08		

表 5 -7 中的 Panel A 是未考虑其他应收账款和信息披露质量相互项的回归结果。数据显示，Tobin -Q 与 tun 的回归系数为 -2. 0560，在 5% 的水平上显著，说明就全部样本而言，其他应收账款每减少 1%，公司价值约增加 2. 06%，表明减少控股股东资金占用可以提高公司价值。Panel B 考虑了其他应收账款和信息披露质量相互项，结果显示，相互项的回归系数在 5% 的水平上显著为正，说明信息披露质量高的公司要比信息披露质量差的公司价值高约 14，意味着即便存在资金占用，高质量的信息披露仍可以提高公司价值。可能的原因一是其他应收款中包括了一些对公司价值影响很小的正常经济事项，二是即使存在着资金占用，其金额也仅仅是少量，对投资者的影响并不大。因为提高信息披露水平对控股股东严重的资金占用尤为有效。

表 5－7　　信息披露质量、资金占用与公司价值

因变量	Panel A			Panel B		
	系数	T 值	P	系数	T 值	P
_cons	17. 3973	14. 67	0. 000	17. 3668	14. 63	0. 000
tun	－2. 0560	－2. 45	0. 014	－2. 5713	－2. 91	0. 004
tun · quality				13. 9128	1. 98	0. 047
indexmar	－0. 0117	－0. 14	0. 886	－0. 0113	－0. 14	0. 890
ownership	0. 2292	2. 65	0. 008	0. 2304	2. 67	0. 008
share1	－1. 1871	－4. 55	0. 000	－1. 1799	－4. 51	0. 000
share2to5	－1. 1914	－3. 81	0. 000	－1. 2006	－3. 84	0. 000
Lev	1. 1160	7. 8	0. 000	1. 1184	7. 81	0. 000
size	－0. 7126	－13. 07	0. 000	－0. 7121	－13. 06	0. 000
indu	control			control		
year	control			control		
N	1 971			1 971		
Adj R－squared	0. 487			0. 4876		
F	92. 55 ***			28. 4 ***		

注：*** 表示在 1% 水平下显著。

从控制变量来看，国有股的回归系数显著为正，说明国有上市公司能够提高公司的价值。share1 的回归系数显著为负，表明第一控股股东持股比例越多，公司的价值越低。share2to5 的回归系数显著为负，说明第二至第五大控股股东持股比例越多，公司的价值反而越低，意味着他们并未起到制衡作用，反而存在合谋现象。

表 5－8　　对“假说 3”和“假说 4”的检验结果

Panel A				Panel B			
变量	系数	Z 值	P 值	变量	系数	t 值	P 值
常数项	－7. 8576	－7. 26	0. 000	_cons	－0. 0045	－0. 49	0. 626
quality	0. 2248	1. 87	0. 062	Pr auditor	－0. 0087	－1. 89	0. 058
share1	0. 3812	0. 98	0. 327	Share1	0. 0063	2. 04	0. 042
ownership	0. 1158	0. 96	0. 339	Ownership	0. 0016	1. 64	0. 101
share2to5	1. 2176	2. 37	0. 018	share2to5	0. 0063	1. 50	0. 134

续表

Panel A				Panel B			
变量	系数	Z 值	P 值	变量	系数	t 值	P 值
roa	-0.2756	-0.46	0.648	Em	-0.0004	-0.25	0.805
				indexMar	-0.0020	-1.91	0.056
				Group	0.0016	0.76	0.447
controls	control			controls	control		
N	1 971			N	1 971		
Pseudo R2	0.0515			R - squared	0.0110		
LR	117.32			F 值	1.56***		

注：*** 表示在1%水平显著。

Panel A 列示了“假说3”的回归结果，因变量进行高质量的事务所选择与进行高质量信息披露的回归系数为0.2248，在10%的水平上显著，表明信息披露质量越高的公司选择高质量审计的概率越大，主要因为他们能够保证公司继续保持高水平的信息披露，起到良好的信号传递作用，同时对事务所自身而言也可以减少审计风险，验证了“假说3”。从控制变量来看，share2to5 的回归系数显著为正，说明股权制衡越高的公司越倾向于选择进行高质量的审计。

Panel B 是对“假说4”的检验结果，为了解决高审计质量的事务所选择与控股股东资金占用的内生性问题，采用两步回归法：首先根据式（5-3）生成选择高质量审计的概率 Prauditor，然后将其代入式（5-4）作为自变量进行回归分析。可以发现，因变量控股股东资金占用与高质量审计的回归系数为-0.8734，在10%的水平上显著，说明选择具有高审计质量事务所的概率越大，控股股东资金占用的概率越小，意味着高质量审计具有很强的治理效应，验证了“假说4”。控制变量与式（5-1）的回归结果基本一致。

5.4.4 敏感性检验

采用四分类法对信息披露质量重新定义，将不及格、及格、良好和优秀分别用0、1、2、3表示，一方面可以防止因对信息披露错误定义影响研究结果的可靠性，另一方面可以区分每个信息的考评层次。

从表5－9可以看出，quality的回归系数显著为负，表明提高信息披露水平有助于减少控股股东的资金占用，进而达到保护中小投资者利益的目的。其他相关变量回归的结果与表5－5基本接近，说明了“假说1”的可靠性。

表5－9　　　　“假说1”的检验结果

因变量	回归系数	T值	P值
_cons	0.001	0.11	0.916
quality	－0.003	－1.71	0.087
ownership	0.001	1.36	0.130
share1	0.007	1.40	0.161
group	0.0001	1.90	0.058
em	－0.001	－0.53	0.595
size	0.000	0.67	0.506
share2to5	0.006	1.59	0.112
lev	－0.001	－0.66	0.511
indexmar	－0.002	－1.01	0.314
indu	Control		
year	Control		
N	1 971		
Adj R－squared	0.019		
F值	1.89***		

注：***表示在1%水平显著。

在表5－10中，Panel A没有考虑交互项的情况下，tun的回归系数显著为负，表明控股股东资金占用越多，其公司价值越低，说明市场能够对控股股东的侵占行为做出反应。Panel B考虑了交互项的情况下，tun的回归系数为－3.636，在1%的水平上显著，tun·quality的系数为4.526，显著性水平为0.01，表明相比信息披露水平低的公司而言，提高信息披露水平有助于提高公司的价值，进一步验证了“假说2”。

表 5-10 “假说 2”的检验结果

变量	Panel A			Panel B		
	系数	T 值	P	系数	T 值	P
_cons	17.500	14.76	0.000	17.505	14.77	0
tun	-2.065	-2.48	0.013	-3.636	-2.95	0.003
tun · quality				4.526	2.57	0.01
indexmar	-0.012	-0.15	0.879	-0.011	-0.14	0.89
ownership	0.236	2.76	0.006	0.237	2.77	0.006
share1	-1.156	-4.51	0	-1.155	-4.5	0
share2to5	-1.181	-3.79	0	-1.183	-3.8	0
Lev	1.112	7.78	0	1.111	7.77	0
size	-0.713	-13.08	0	-0.713	-13.09	0
indu				control		
year				control		
N				1 971		
Adj R-squared	0.4866			0.4872		
F	30.96***			29.80***		

注：*** 表示在 1% 水平显著。

表 5-11 的 Panel A 是对“假说 3”的检验，quality 的回归系数为 0.215，在 1% 的水平上显著，说明信息披露质量高的公司会倾向于选择高质量的事务所，Panel B 是“假说 4”的检验结果。控制它们之间的内生性问题，在式（5-3）中将信息披露质量采用四分类法进行分析，然后生成选择高质量审计的概率 Pr auditor，再将其代入式（5-4）作为自变量进行回归分析。结果显示，Pr auditor 的回归系数为 -3.412，在 1% 的水平上显著，说明高质量的审计可以减少资金占用，进一步验证了“假说 3”和“假说 4”。

表 5-11 “假说 3”和“假说 4”的检验结果

Panel A				Panel B			
变量	系数	Z 值	P 值	变量	系数	t 值	P 值
常数项	-2.717	-7.41	0.000	_cons	0.017	2.25	0.025
quality	0.215	2.69	0.007	Pr auditor	-3.412	-17.02	0.000
share1	0.540	1.40	0.162	share1	0.000	0.10	0.917

续表

Panel A				Panel B			
变量	系数	Z 值	P 值	变量	系数	t 值	P 值
ownership	0. 290	2. 51	0. 012	owner	0. 006	6. 04	0. 000
share2to5	1. 098	2. 16	0. 031	share2to5	0. 008	2. 23	0. 026
roa	0. 008	0. 01	0. 989	em	-0. 002	-1. 17	0. 241
				indexMar	-0. 007	-6. 86	0. 000
				group	0. 006	3. 24	0. 001
controls	control			controls	control		
N	1 971			N	1 971		
Pseudo R2	0. 0381			R - squared	0. 130		
LR	86. 72			F 值	15. 07 ***		

注：*** 表示在 1% 水平显著。

此外，相关控制变量的回归结果，除了显著性水平稍微变化外，其结论基本保持一致。

5.5 信息披露质量与现金股利的研究

已有的研究发现，现金股利也是控股股东侵占中小股东利益的一种。在从上市公司获取资金的众多手段中，如资金占用以及关联方交易等，它无疑是最合法、最名正言顺的。在制定股利支付方案时，控股股东是实际的决策者，往往会选择有利于自身的政策，从而通过股利政策转移公司资源。在股权高度集中的上市公司里，发放股利客观上可以让中小股东分享到一定利益，但更多的是满足控股股东的利益偏好，旨在迎合控股股东的需求，股权越集中，不但支付股利的可能性越大，支付现金股利的可能性也越大，而且可能支付的金额也越多（黄娟娟和沈艺峰，2007）。这是一种低成本的选择，并且股权越集中的公司动因越强（Shleifer 和 Vishny，1997）。现金股利的发放往往根据公司的盈余情况，盈余越好，高股利支付率越合理。为此，控股股东会利用权力和信息不对称的优势降低财务报告的不透明性，有时会隐藏亏损（Hayn，1995），以达到高派现的目的。实际上，这一方面给中小投资者一种虚假的信号，吸引他们投资；另一方面极大地影响了上市公司的长远发展，最后承受损失的却是中小股东。提高信息披露水平可以增强财务报告的透明度，从而加大高派现的难度，制约控股股东的侵占行为。为此，本章提出“假说5”：

假说5：信息披露质量与现金股利支付率之间呈负相关关系。

为此，根据现有的研究成果构建如下模型：

$$div_{i,t} = \alpha + \beta_1 \cdot quality_{i,t-1} + \beta \sum controls + \varepsilon_{it} \quad (5-5)$$

div 表示现金股利支付率，其数值等于每股现金股利与每股收益之比，controls 包括 growth、share1、ownership、share2to5、roa、cashps、size、lev、indu 和 year，其中 growth 为公司成长性机会，市净率为其计量指标；cashps 表示每股现金，即公司年末现金余额与股本总数之比。

在样本中删除每股收益为负，以及相关数据缺失的样本，并对相关变量进行上下1%的缩尾调整，回归结果如表5-12所示。

表5-12　　　信息披露质量与现金股利支付率的检验结果

Div	Panel A　OLS 回归		Panel B　随机效应回归	
	系数	t 值	系数	t 值
quality	-0.0529**	-2.15	-0.0606***	-2.59
growth	0.0045	0.92	0.0067	1.54
cashps	-0.0175	-1.43	-0.0094	-0.86
roa	-0.4340**	-2.44	-0.2507	-1.38
ownership	0.0175	0.76	0.0298	1.08
share1	0.0456	0.64	0.0397	0.47
share2to5	-0.1336	-1.37	-0.1446	-1.28
size	-0.0270**	-2.32	-0.0384***	-2.87
lev	-0.0669	-0.95	0.0037	0.05
indu	control		control	
year	control			
N	939		939	
Adj R-squared	0.082			
F	4.03		57.28	

注：***、** 分别表示1%和5%的水平上显著；通过 hausman 检验选择随机效应。

表5－12 列示了式（5－5）的检验结果，Panel A 和 Panel B 分别采用混合数据的最小二乘回归（OLS）和面板数据的随机效应回归。可以发现，不论采用何种方法，信息披露质量的回归系数都显著为负，表明公司的信息披露质量越高，现金股利的支付率越低。提高信息披露质量增加了实现高支付率的难度，使其处于一个合理的水平，从而也能防止控股股东的侵占行为。这极大地保护了中小投资者，避免其被不真实的股利信号所欺骗，同时也有助于上市公司的长远发展，验证了“假说5”。

5.6 本章小结及启示

控股股东与中小股东之间的代理问题是公司治理中的热点问题，控股股东利用其控制权牢牢把持着公司，对经营情况了如指掌，而中小投资者只能通过公司的信息披露了解相关情况，这加剧了他们之间的不对称。控股股东可以操纵公司的信息披露，对中小股东实施掠夺。为了保护中小投资者的利益，有效的方法之一就是降低他们之间的信息不对称程度，而提高信息披露水平可以达到这一目的。高质量的信息披露可以使中小投资者更为准确和全面地了解公司，能够减轻投资者之间的信息不对称，维护利益相关者尤其是中小股东的权益。

基于此，本章选取了深市 2007—2009 年 A 股上市公司为样本，研究信息披露质量对控股股东资金占用的影响，运用普通二乘回归和逻辑回归的实证分析方法，发现控制了相关因素后，信息披露质量与资金占用显著负相关，提高信息披露质量可以有效地减少资金占用；进一步研究发现，资金占用越少的公司价值越高，并且与信息披露质量较差的公司相比，信息披露质量较高的公司具有更高的价值；信息披露质量越高的公司控股股东发生资金占用越少，表明提高信息披露水平可以有效地减少资金占用；信息披露质量高的公司更倾向于选择高质量的事务所进行审计，作为继续保持高水平信息披露的重要保证，高质量的审计也能减少控股股东的资金占用行为，起到较强的治理作用。此外，为了更好地说明信息披露质量的保护作用，基于现金股利支付率的视角进行了检验，发现信息披露质量与现金股利支付率之间呈负相关关系。

本章的研究启示如下：

（1）信息披露是中小股东利益免受控股股东掠夺的有效途径，也是监管部门加强资本市场监管的重要依据。高质量的信息披露是制约上市公司做出有损广大中小投资者的一道屏障利益举措，也能够约束市场相关机构行为，促使他们在法律法规的规范下行使自身权利、履行必要义务，进而有效地保护中小投资者的利益。因此，监管部门应进一步完善上市公司信息披露制度及质量的相关规定，保证上市公司及时、准确、全面地披露信息，既要防止信息披露不足以及虚假披露，又要避免过度披露，要做到适度披露，切实提高监管效率。对监管过程中发现的控股股东资金占用等违法违规行为，监管部门则应加大处罚力度，提高上市公司违法违规成本，必要时还需追究有关人员的责任，使管理部门等相关人员承担违规披露的民事责任，切实维护资本市场秩序。

（2）对上市公司而言，高质量的信息披露可以提高公司价值。上市公司应当积极主动地向投资者披露信息，并保证披露质量，展示公司的经营状况、发展潜力以及面临的风险，减少信息使用者特别是中小投资者的信息不对称，减少搜集信息的成本，以有助于他们做出最佳的投资决策，增强投资信心，使投资者积极参与公司的重大决策，降低上市公司的筹资成本，提升公司价值。

（3）加强审计监督，充分发挥治理效应有助于发现控股股东的资金侵占行为，保护投资者尤其是中小股东的利益。我国应积极推进审计市场建设，完善相关制度规范，减少对审计市场的不当干预，严惩影响审计质量的行为，强化审计在外部治理中的作用。

6. 政策建议与未来研究方向

资本市场的运行过程就是信息的发布、传递、收集、处理、运用和反馈的过程，从而引导资源配置。信息质量的高低会影响资本市场的健康有序发展。因此，保证信息公开透明是资本市场的基本特点和内在要求。但是，资本市场中的信息主要来自上市公司，其在发行、上市以及流通等诸多环节负有信息披露的义务，高质量的信息披露有助于提高上市公司和证券市场运作的透明度，降低信息不对称程度。此外，信息披露也是连接上市公司和外部投资者的纽带，是投资者进行决策的主要参考依据，提高信息披露水平可以有效地降低投资风险，是保护投资者的重要工具。所以，对上市公司信息披露质量进行研究显得尤为重要且颇有意义。

6.1 政策建议

研究表明，提高信息披露水平一方面可以影响银行信贷，提高信贷质量，维护他们的权益；另一方面也能降低中小股东与控股股东之间的信息不对称程度，减少控股股东的资金占用。为强化信息披露保护和治理作用，更好地促进资本市场发展，需要从以下几方面进行完善。

6.1.1 加强信息披露监管，提高监管效率以保证上市公司的信息披露质量

本书的实证研究表明，提高信息披露质量能够较好地保护债权人和中小股东的利益，对促进资本市场发展十分重要，而加强相关的监管是保证披露质量的重要前提。我国目前的信息披露监管主要由财政和证券监管部门组成。

财政部门一直致力于加强高质量的会计准则研究，这有助于规范以会计信息为核心的信息披露质量，高质量的会计准则是财务报告信息质量的重要保证。我国自 1988 年开始着手会计准则的建设，并 1992 年出台了《股份制试点企业会计制度》和《企业会计准则》，它们的颁布不仅标志着我国会计准则从无到有，也标志着我国会计准则从理论研究步入实务阶段，为我国会计准则体系的建立、发展与完善奠定了坚实的基础。为了使会计准则更加完整以及增加会计准则的可操作性，从 1997 年开始颁布了《关联方关系及其交易的披露》等 16 项具体会计准则，它们为规范上市公司的会计信息起到了其他有关规范都无法替代的作用。1998 年出台了《股份有限公司会计制度》，对原有的会计制度做了一些合理的补充和修订，旨在适应我国市场经济的进一步发展，提高了上市公司的会计信息质量。为了适应经济全球化发展，与国际财务报告准则实现趋同，我国于 2006 年颁布了新的会计准则体系，由 1 项基本准则和 38 项具体准则组成。该准则体系着眼于提高会计信息透明度、保护投资者和社会公众利益，在信息披露方面，突出了充分披露原则（王军，2006）。

中国证监会对主要信息披露的方式进行监管，为了更好地向投资者及时、真实、准确、完整地披露信息，自 1999 年以来发布了一系列有关上市公司信息披露问题监管的文件。2005 年国务院在《批转证监会关于提高上市公司质量意见的通知》中明确要求，“上市公司要切实履行作为公众公司的信息披露义务，严格遵守信息披露规则，保证信息披露内容的真实性、准确性、完整性和及时性，增强信息披露的有效性。……明确公司及相关人员的信息披露职责和保密责任，保障投资者平等获取信息的权利”。为了适应

新的《公司法》和《证券法》对信息披露的新要求，中国证监会于2007年1月30日发布了《上市公司信息披露管理办法》，对上市公司及相关主体信息披露行为进行总括性规范。《上市公司信息披露管理办法》涵盖了公开发行和上市后持续信息披露等方面的要求，由总则、招股说明书、募集说明书与上市公告书、定期报告、临时报告、信息披露事务管理、监督管理与法律责任和附则等七章七十二条组成，对强化上市公司信息披露、提高上市公司透明度、保护投资者合法权益、促进股票市场健康发展具有重要意义。

由此可见，财政部和中国证监会对上市公司信息披露的监管侧重点有所不同，但也存在一定的交叉和重合，有时候会因为权力界定不清，甚至是相关的规章制度对相同的问题缺乏统一的口径，导致上市公司信息披露很不规范，削弱了对资本市场监管的有效性。有必要对财政部门和证券监管部门制定的相关信息披露制度的职责进行合理分工，财政部门负责制定信息披露的内容，即解决披露什么的问题；而证券监管部门负责确定信息披露的形式，即解决如何披露的问题。同时，两个部门也需要相互协商和配合，而不是彼此分离，因为披露内容的不合理会导致披露的形式出现问题，必要时要建立长效的沟通机制，通力合作，及时解决资本市场出现的问题；加强制度建设，尤其是完善上市公司的信息披露，为全面提升上市公司信息披露的质量打下坚实的基础，提高它们的信息透明度，从整体上提高我国上市公司的信息披露质量，更好地促进资本市场的发展。

6.1.2 上市公司应积极主动地进行自愿性信息披露，以提高信息披露质量

一般而言，各个公司之间的强制性信息披露存在差异的可能性较小，要想使上市公司整体信息更加透明，只能通过提高自愿性信息披露质量实现。自愿性信息披露更多地提供除强制性信息披露之外的前瞻性预测信息、公司治理等相关情况，可以保证信息的完整与可靠，增强公司的透明度，减少控股股东与中小股东之间的信息不对称，能够保护中小投资者的利益。自愿性信息披露也可以帮助债权人更为准确地了解公司状况。Ullman（1985）指出，自愿性信息披露的质量提高能削弱股东对债权人的剥削，更好地保护债

权人的权益。此外，我国当前的资本市场存在一定的诚信危机的背景，资产优良、业绩不俗的上市公司管理层可以通过自愿性信息披露提高在投资者心目中的形象和公信力。这一点正是经营效益较差的公司所不及的，可以解决信息不对称导致的逆向选择问题。所以，在满足强制性披露要求的情况下，提高自愿性信息披露水平可以减少外部投资者对未来发展前景的不确定预期，有利于公司缓解融资约束和保护中小股东，降低公司的融资成本。

自愿信息披露已经引起监管部门的关注。FASB 于 2001 年发表题为《改进企业报告：增进企业自愿披露的透视》的报告，对美国上市公司自愿性披露状况进行了评价，并提出增进公司自愿披露的政策建议。美国证券交易所表示将采取具体措施鼓励上市公司自愿性信息披露。中国证监会等部门也指出，上市公司除按照强制性规定披露信息外，还应主动、及时地披露所有可能对利益相关者决策产生实质性影响的信息，并保证所有股东有平等的机会获得信息。深圳证券交易所也对自愿性信息披露的基本特征进行了相关规范，并从完整性等方面对上市公司的信息披露进行综合评价。相比而言，我国自愿性信息披露的发展比较缓慢，可能因为上市公司观念淡薄，尚未认识到自愿性信息披露的重要性，也可能因为自愿性信息披露需要承担较大的信息成本，甚至可能会导致一定的诉讼风险，所以监管部门需要建立一定的信用评估机制来规范上市公司自愿性信息披露，同时也要加强相关的法律制度建设，积极鼓励上市公司披露自愿性信息。

6.1.3 科学准确地评价上市公司信息披露水平，并在上市公司中全面推广

上市公司信息披露是投资者、债权人等利益相关者了解上市公司的主要途径，更是他们进行决策的重要依据。我国投资者尚缺乏一定的会计基础知识，难以正确地理解上市公司的信息披露，导致投资决策失误频频。因此，为了提升对上市公司信息的鉴别能力，除了投资者自身加强学习之外，政府部门应负有更大的义务——建立一套上市公司信息披露质量相关的评价指数。当前，我国深交所已经进行了相关信息考评，而上交所却没有实施。实证结果表明，这能帮助债权人和中小股东做出投资决策，能够帮助他们系

统、科学、客观地评价上市公司信息披露质量，对上市公司增加信息披露数量、提高信息披露质量具有很强的促进作用，也有助于政府相关部门的监管，保护信息使用者，特别是投资者和债权人等利益相关者的权益。

该指数表示了一种能标识上市公司质量好坏的鉴证类信息，如同审计意见一样，可以让投资者一目了然地知道上市公司的相关情况，既可以克服投资者自身专业基础薄弱的劣势，又可以减少投资者信息收集等相关的交易成本。总之，上市公司信息披露评价指数的出台将有关上市公司的相关信息明确地传递给投资者和其他利益相关者，帮助他们提高投资决策的效率，促使社会经济资源的配置趋向良性发展。

深交所对所上市的公司进行了信息披露质量的考核，将上市公司的信息披露质量进行量化，有助于投资者进行投资和相关部门的监管，更为重要的是，极大地提高了整体信息披露质量。表4－2的统计表明“及格”和“良好”的上市公司的比例呈现增长趋势，对完善我国资本信息披露质量发挥了较大的作用。沪市也曾制定了上市公司信息考核办法，但因种种原因没有得以持续。因此，建议沪市也应制定出相应的信息披露考评体系，激励公司提供更为合法、及时、完整的相关信息，使信息不对称的局面得以改观。深交所也应对信息考评内容进一步深化，而不仅仅停留在对信息披露程序的考评上，充分利用现有资源，帮助投资者更好地识别上市公司的信息质量。

6.1.4 建立健全相关的保护机制，鼓励外部投资者主动参与公司治理

目前世界上的公司治理模式主要有英美股权主导型和德日债权主导型（李维安，2000）。在英美股权主导型的公司治理模式下，公司的股权高度分散，直接融资比例较高，这使得银行在公司治理中的作用十分有限。高度分散化的股权结构导致中小股东普遍产生“搭便车”的行为，管理层没有得到外部有效的监督和控制，从而出现了“强管理层弱股东”的局面，如何降低管理层的代理成本成为公司治理的主要内容。可以通过对管理层进行相关股权激励等使他们拥有剩余索取权，可以与股东的利益趋于一致。在德日债权主导型公司治理模式下，公司主要通过银行等金融机构进行间接融

资，为了保证他们的利益，银行和法人持股比例较大，导致股权相对比较集中，银行积极主动地参与公司治理。

我国的股权结构普遍集中，而公司治理结构又倾向于采用英美模式，一方面银行的权益也不能得到有效的保障，另一方面新的代理问题的出现也使中小股东的利益受到侵害。为了更好地保障他们的权益，除了提高信息披露质量外，还需要从以下两方面完善公司治理结构。

首先，银行应积极主动地介入到公司治理，在公司的董事会和监事会中安排自己的董事和监事，对公司利用信贷的效率和质量从事前、事中和事后三方面进行监督。事前监督主要包括对公司使用信贷资金情况进行可行性分析，并进行相关的考察和评价；事中监督包括资金注入公司后，银行可以直接检查公司的经营行为、营运状况以及资金的使用情况；事后监督主要是指公司一旦发生危机，银行有权干预。当银行有确切的证据表明危机是暂时的，可以及时地注入资金帮助公司渡过难关。反之，若银行认为公司的发展前景黯淡或者无力挽救等情况，可以对公司强制履行债务契约，以及破产清算。此外，银行等债权人可以设立债权人会议制度，可以定期检查会计账策、对侵权行为提起诉讼、申请破产等，从而保障债权人利益。

其次，鼓励和支持中小股东参与公司决策的制定，完善股权制衡机制。实施信息化是一种有效的解决方法。尽管控股股东拥有信息优势，但是实施信息化可以减少他们与控股股东的信息不对称程度。信息化可以使中小股东足不出户地获得公司的相关信息，减少因获取成本较高而进行的免费“搭便车”行为。同时，中小股东也可以通过电子方式或者委托他人进行投票，维护他们在公司中的权益。其核心是保证公司利益得到公平处置并且能够对控股股东单边主义的行为予以遏制。

6.1.5 加强市场化改革，减少政府干预，进一步提高法治水平

制度环境是公司生存和发展的重要外部因素，是对生产、分配和交换的一系列行为的规范。不同的制度环境可能对公司的微观行为有较大影响。实证研究表明，信息披露质量对新增银行借款的作用受到制度环境的影响。我国经过多年的改革，市场经济得到前所未有的发展，市场化程度日益加深。

但是，我国的改革起步于东部沿海发达地区，导致全国市场化程度呈现较大的差异。樊纲等（2009）发现，市场化排在前五名的分别是上海、浙江、广东、江苏和天津，后五名则是陕西、新疆、甘肃、青海和西藏。在市场化程度高的地区，政府对市场的干预程度相对较低，市场在资源配置中的作用更为突出。相反，在市场化程度低的地区，政府干预市场经济的运行。

作为市场经济的主体，企业应按照自我经营、自负盈亏、自我发展和自我约束的原则参与市场活动，对投融资等有更多的自我选择权。同样，银行作为市场经济的产物，在经济活动中起着资金融通的中介作用，将闲散的资金汇集起来，然后发放给急需资金的公司。但是，由于存在信息不对称，银行不知道哪些公司急需资金，也不能确保他们的贷款能够足额收回。为此，公司信息披露就起着很好的桥梁作用，银行通过公司的信息披露来了解公司的经营情况以及发展潜力等。在市场化程度较高的地区，公司通过提高信息披露质量可以缓解融资约束，降低市场的交易成本。然而，这一作用却在市场化程度较低的地区有所减弱，可能会导致银行发生坏账等。著名经济学家魏杰（2004）指出，在四大国有银行的不良债务中，约有 30% 是政府的直接干预形成的。政府的干预是银行发生呆坏账的主要原因，这种干预破坏了银行与公司之间的自由信贷契约，使信贷合约的签订更多基于政府意志，而非经济效率最大化的原则。所以，政府要完善其职能，自身定位要明确，搞清楚哪些领域应该有所为，哪些领域让市场机制发挥作用。在金融领域，银行作为营利组织，应按照现代企业制度进行自我安排，包括产权制度和公司治理等。政府作为监管主体，而非银行的经营主体，不应该干预银行的信贷行为，应选择退出这些领域，让市场规律起作用。

法治水平的提高能够增加债务契约执行的有效性，减少银行贷款的风险。这一方面有助于颁布有关银行法律法规和条例，规范银行的信贷行为，使其朝着市场化的方向迈进；另一方面可以使相关法律法规顺利执行，而非一张白纸，也不会出现“赢了官司输了钱”的怪现象。这对那些抱着机会主义心理的公司却是致命的打击，通过法院的法律诉讼增加他们的违约成本，一定程度上阻止违约的机会主义行为，可以降低他们的借款冲动。但是，转轨时期我国法治水平呈现差异化，在法治水平低的地区，银行债务契约不能得到很好的保护。为此，我国应积极加强法治建设，特别是法治水平低的地方，一方面要完善相关银行方面的法律法规，做到有法可依，各地区根据实际加强立法，保障银行等债权人的权益，一旦债权人的权益受到伤害，可以诉诸法律法规等相关规定；另一方面要加强司法的独立性以及执法效率，即便是很完善的法律法规，立法不全和司法不力的存在也不能使银行的信贷契约得到妥善保护，银行的债权也得不到有效的保障。相反，如果债务人违反信贷契约、银行的权益受到侵害，银行可以通过司法诉讼等方式求助法院，法治和司法部门对银行的保护越强，越可能通过破产或追究相关当事人的责任，尽可能地收回本金和应得利息，保证银行利益受损最小化。此外，还应该积极开展法治文化建设，营造法制氛围，让法治观念深入人心，形成遵法守法等良好的社会风气。这会对那些抱着机会主义心理的借款公司有较好的警示作用，让他们放弃这种不良动机，按照法律法规的规定进行融资。

总而言之，制度环境是影响银行信贷主要的外部因素，一个成熟和完善的制度环境能够使银行在信贷过程中成为真正的市场主体，有权做出是否放贷等相关的决策，从而也就有动机加强对信贷的监管。

6.1.6 完善银行金融体系，弱化信贷对象的所有权歧视，提高资金利用效率

在研究过程中发现，所有权性质影响了信息披露质量对银行债务契约的有效性。与国有企业相比，信息披露质量对非国有企业的影响更为有效。目前国有银行“一统天下”并垄断了银行信贷资源，国有企业在银行信贷中则有天然的优势，与国有银行同属于政府，它们在实际上体现为同一所有者的内部借贷关系，没有利益最大化的目标和压力，风险控制意识较弱，信息披露质量在信贷决策中的价值也无从谈起。银行在放贷过程中不必考虑国有企业的风险，即使企业因为经营不利而导致违约，也会有政府为此“买单”，因此银行有强烈的动机将资金贷给国有企业，无须过多地考虑他们的财务状况等，导致国有企业可能业绩不好或者尚未面临融资约束等也可以获得充足的资金。这一方面导致国有企业利用资金的效率低下，从而可能导致发生企业过度投资等情况，也不能充分发挥负债的治理作用；另一方面银行

会因为国有企业经营不善而发生诸多坏账，使得国有银行信贷资金风险增大，不良资产比例过高。非国有企业向银行融资时则需要采取市场化的方法，考虑到他们的逆向选择和道德风险的信息不对称问题，国有银行在做出信贷决策之前要进行非常慎重地选择与甄别，尽可能地降低由逆向选择问题所导致的信贷风险。在给予信贷之后，国有银行会加强监管力度，防范道德风险，提高资金利用效率，并减少银行坏账的发生。

这种信贷歧视导致国有企业与非国有企业在市场竞争中面临着不公平待遇，主要体现在以下两方面：一是国有银行和非国有企业的最终控制人不兼容，不愿意出于扶持或帮助的目的给非国有企业发放贷款，一旦贷款出现问题就无法逃脱责任；但是对于国有企业而言情况则所有不同，即便贷款出现问题，也会有政府出面进行解决。二是存在客户评价标准的歧视，国有企业一般规模比较大，很容易满足银行信贷指标要求，非国有企业则有一定的困难。这些都会影响经济的发展，非国有企业已经在整个国民经济中占有相当比重，对吸纳就业等方面做出了重大的贡献。为了避免这种不公平的待遇，应加快产权改革，加强银行的市场化改革，强化信贷资金风险的责任约束，使其真正成为自主经营、自负盈亏、自我约束、自我发展的商业银行，转变政府作为企业和银行双重所有者角色的现状，同时完善法律体制、经济体制和政治体制的市场化环境。只有这样，银行的信贷行为才能真正按照市场体制来运行，权衡信贷风险与收益，使得国有企业与非国有企业获得同等机会。

6.1.7 加强审计市场建设，充分发挥其治理效应

经营权和所有权的分离产生了对独立审计的需求，高质量的审计能够增强信息披露的可靠性，保护股东特别是中小股东的利益。高质量的事务所为了维护其声誉可以拥有更大的市场占有率，以及为保持其声誉所获得的超额的审计收费，所以在成熟的市场环境下，存在着对高质量审计的需求与供给。聘请高质量的事务所具有“信号”作用，可以证明信息披露的质量，也是保持高质量信息披露的重要保证，也能保护广大外部投资者的利益。保持审计质量能实现更多的审计收费，起到很强的保险作用。企业如果不能提

供高质量的审计服务，不但危及声誉及未来经济收益，甚至要对因使用不实财务报表蒙受损失的投资者进行相关补偿，并承担一定的责任。就我国的目前情况而言，研究发现，信息披露质量高的上市公司具有高质量审计的需求，是对其继续保持高质量审计的重要保证，表明对投资者具有很强的保护作用，起到了较好的信号传递作用。对于“前十大”事务所而言，进行高质量信息披露的公司可以减少审计风险，对其保持良好的声誉起到积极作用。因此，市场化选择对维护审计质量起到基础性的作用，而政府行为是一种补充性安排。政府需要在以下几方面加强建设：一是创造一个宽松的高质量审计市场环境，应尽可能减少对注册会计师行业的干预，通过市场化的途径解决会计师事务所选择问题，政府的任务主要在于制定有助于提高审计质量的“游戏规则”，用以规范审计市场各参与者的行为；二是加强立法，加大注册会计师法制建设。这一方面可以提高注册会计师风险意识，自觉保证审计质量，加大对行业的监管力度，加大注册会计师的过失成本；另一方面也会增强信息使用者对已审财务信息的信任程度，进而促进整个市场经济的稳定和注册会计师行业的可持续发展。

高质量的审计具有很强的治理效应，通过审计监督保障信息披露质量，对规范市场起着关键的作用，正是高质量的审计服务在投资者与公司之间架起信息沟通的桥梁。相比而言，高质量的事务所为了维护其声誉需要执行严格的审计程序，加上“深口袋”理论的作用，经其审计过的信息质量具有很强的可靠性，能够保护外部投资者。为此，我国要大力培育高质量的会计师事务所，营造良好的外部执业环境，积极创造高质量审计的需求市场。

6.2 研究局限和未来的研究方向

金无足赤，人无完人，文章亦如此。尽管作者在选题、构思和写作等过程中花费了一定时间，但因能力、时间等因素所限，本书尚需从以下几方面做深入的研究，主要体现在：

第一，本书选取的样本来自在深圳证券交易所上市的公司，这些公司的信息披露质量受到深交所的考评，在其网站上予以公布，具有一定的权威性；而在上海证券交易所上市的公司却没有类似的考评结果，故不在本书的研究范围之内。事实上，不论从规模还是从监管的力度等方面而言，深交所与上交所都有所差别，这可能对研究结论产生一定的影响。为了进一步增强研究结论的可靠性和说服力，有必要对上交所上市公司的信息披露进行深入的研究。

第二，对高质量审计的衡量选择取了“十大”和“非十大”作为替代变量，却没有选择较为常见的替代变量——盈余管理。从结果来看，审计对盈余质量有较大的影响，相比而言，高质量的审计能有效地降低盈余管理程度，用盈余管理程度进行替代可能效果会更好。

第三，本书没有区分强制性信息披露和自愿性信息披露，而是笼统地选择了深交所的考评结果，如果能够将两者进行有效的区分，可能会具有更重要研究意义。

第四，进行所有权性质的研究中，本书将样本较为粗略地分为国有企业和非国有企业。事实上，国有企业仍存在中央控制和地方控制的企业，本书尚未深入研究它们的影响。

第五，用其他应收款衡量作为控股股东的资金占用存在一定的缺陷，事实上其他应收账款中还包括一些应该计入的经济事项，它们对回归结果可能会产生一些“噪音”。为此，本书以其均值为限做了 Logit 回归，以尽可能提高实证的可靠性，但并不能完全消除“噪音”的影响。

从上述分析可见，未来应该在样本选取、相关变量的衡量以及研究方法上做更加深入的研究，为研究结论增添更为可靠的经验证据。

参 考 文 献

[1] Jensen, M. C. and Meckling, 1976. The Theory of Firm, Managerial Behavior , Agency Cost and Ownership Structure [J]. Journal of Financial and Economic, 3, 305 -360

[2] La Porta, R. , Lopez - de - Silanes, F. , Shleifer, A. , and Vishny, R. , 1998, Law and Finance [J]. Journal of Political Economy, 106, 1113 -1155

[3] Shleifer, A. and R. W. Vishny, 1997. A Survey of Corporate Governance [J]. Journal of Finance, 52, 1 -79

[4] 唐宗明、蒋位, 2002, 中国上市公司大股东侵害度实证分析 [J], 经济研究

[5] Johnson S, La Porta R, Lopze - de - Silanes F, Shleifer A. 2000. Tunneling [J]. American Economic Review, May, 90 (2), 22 -27

[6] La Porta, R. , Lopez - de - Silanes, F. , Shleifer, A. , and Vishny, R. , 1997, Legal Determinants of External Finance [J]. Journal of Finance 52, 1131 -1150

[7] Healy, P, Palepu, K. . 2001, Information asymmetry, corporate disclosure, and the capital markets, A review of the empirical disclosure literature [J]. Journal of Accounting and Economics, 31, 405 -440

[8] 斯科特, 财务会计理论, 机械工业出版社, 2008, 陈汉文等译

[9] 汤云为、陆建桥, 1998, 论证券市场中的会计研究: 发现与启示 [J], 经济研究 (8): 50 -59

[10] Diamond, D. , Verrecchia, R. , 1991, Disclosure, liquidity, and the cost of capital [J]. Journal of Finance, 46 (4), 1325 -1359

[11] Welker, M. . 1995, Disclosure policy, information asymmetry, and

liquidity in equity markets [J]. Contemporary Accounting Research, 11 (2), 801 -827

[12] Leuz, C., Verrecchia, R.. 2000, The economic consequences of increased disclosure [J]. Journal of Accounting Research, 38 (supplement), 91 -124

[13] Heflin, F, Shaw, K., Wild, J.. 2001, Disclosure quality and market Liquidity [J]. SSRN Working Paper

[14] 陈晓、陈淑燕，2001，股票交易量对年报信息的反应研究——来自上海、深圳股市的经验证据 [J]，金融研究 (7)：98 -105

[15] 董锋、韩立岩，2006，中国股市透明度提高对市场质量影响的实证分析 [J]，经济研究 (5)：87 -96

[16] Botosan, C.. 1997, Disclosure level and the cost of equity capital [J]. The Accounting Review, 72 (3), 323 -349

[17] Sengupta P. 1998, Corporate disclosure quality and the cost of debt [J]. The Accounting Review, (73), 459 -474

[18] Botosan, C., Plumlee, M.. 2002, A re - examination of disclosure level and the expected cost of equity capital [J]. Journal of Accounting Research, 40, 21 -40

[19] 汪炜、蒋高峰，2004，信息披露、透明度与资本成本 [J]，经济研究 (7)：107 -114

[20] 曾颖、陆正飞，2006，信息披露质量与权益资本成本 [J]，经济研究 (2)：69 -79

[21] 黄娟娟、肖珉，2006，信息披露、收益透明度与权益资本成本 [J]，中国会计评论 (6)：69 -84

[22] 于富生、张敏，2007，信息披露质量与债务成本——来自中国证券市场的经验证据 [J]，审计与经济研究 (9)：93 -96

[23] Bhushan, R.. 1989, Firm characteristics and analyst following [J]. Journal of Accounting and Economics, 11, 255 -274

[24] Lang, M., Lundholm, R.. 1996, Corporate disclosure policy and analyst behavior [J]. The Accounting Review, 71 (4), 467 -492

[25] 葛家澍，2004，建立中国财务会计概念框架的总体设想 [J]，会计研究 (1)：9－19

[26] 葛家澍、陈守德，2001，财务报告质量评估的探讨 [J]，会计研究 (11)：9－18

[27] 魏明海、刘峰、施鲲翔，2001，论会计透明度 [J]，会计研究 (9)：16－20

[28] 胡奕明、林文雄，2005，信息关注深度、分析能力与分析质量——对我国证券分析师的调查分析 [J]，金融研究 (2)：46－58

[29] 饶艳超、胡奕明，2005，银行信贷中会计信息的使用情况调查与分析 [J]，会计研究 (4)：36－41

[30] 廖秀梅，2007，会计信息的信贷决策有用性：基于所有权制度制约的研究 [J]，会计研究 (5)：31－38

[31] Rajan R. and Zingales L., 1995, What Do We Know about Capital Structure? Some Evidence from International Data [J]. Journal of Finance, 50, 1421－1460

[32] 孙铮、刘凤委、李增泉，2005，市场化程度、政府干预与企业债务期限结构——来自我国上市公司的经验证据 [J]，经济研究 (5)：52－62

[33] 张炜，2006，商业银行企业贷款风险评价方法研究 [M]，吉林大学硕士论文

[34] 胡奕明、谢诗蕾，2005，银行监督效应与贷款定价 [J]，管理世界 (5)：27－36

[35] 叶志锋，企业业绩操纵与银行债权人保护研究 [M]，暨南大学博士学位论文，2009

[36] 张纯、吕伟，2007，信息披露、市场关注与融资约束 [J]，会计研究 (11)：119－126

[37] 陆建桥、梁上坤、陈冬华，2009，长期资产减值信息有用性的实证研究——来自银行借款契约角度 [J]，南开管理评论 (5)：118－124

[38] Diamond, D. W., 1991. Debt Maturity Structure and Liquidity Risk [J]. The Quarterly Journal of Economic, 106, 341－368

［39］ Rajan, R. G. , 1992. Insiders and Outsiders, The Choice between Informed and Arm's Length Debt ［J］. Journal of Finance, 47, 1367 –4000

［40］ 陆正飞、祝继高、孙便霞，2008，盈余管理、会计信息与银行债务契约［J］，管理世界（3）：151 –160

［41］ Brandt, L, and. Li, H. , 2003, Bank discrimination in transition economics: ideology, information, or incentives ［J］. Journal of comparative Econimics, 31, 387 –413

［42］ Cull, R. and L. C. , Xu, 2005, Institutions, Ownership, and Finance: The Determinants of Profit Reinvestment among Chinese Firms ［J］. Journal of Financial Economics, 77, 117 –146

［43］ Cull, R. and L. C. , Xu, 2003, Who Gets Credit? The Behavior of Bureaucrats and State Banks in Allocation Credit To Chinese State – Owned Enterprise ［J］. Journal of Development Economics, 71, 533 –559

［44］ Allen, F. , J. Qian and M. , Qian 2005, Law, Finance and Economics Growth in China ［J］. Journal of Financial Economics, 77, 57 –116

［45］ 王少飞、孙铮、张旭，2009，审计意见、制度环境与融资约束——来自我国上市公司的实证分析［J］，审计研究（2）：63 –72

［46］ 樊纲、王小鲁和朱恒金，中国市场化指数——各地区市场化相对进程报告，经济科学出版社，2009

［47］ 胡奕明、唐松莲，2007，审计、信息透明度和银行贷款利率［J］，审计研究（6）：74 –83

［48］ 孙铮、李增泉、王景斌，2006，所有权性质、会计信息与债务契约——来自我国上市公司的经验证据［J］，管理世界（10）：100 –107

［49］ La Porta, R, Lopez – de – Silanes, F, Shleifer, A, 1999, Corporate ownership around the world ［J］. Journal of Finance, 54, 471 – 5171

［50］ Claessens, S. , S. Djankov, L. H. P. Lang, 2000, The Separation of Ownership and Control in East Asian Corporations ［J］. Journal of Financial Economics 58, 81 –112

［51］ 唐宗明、蒋位，2002，中国上市公司大股东侵害度实证分析［J］，经济研究（4）：44 –50

［52］王鹏、周黎安，2006，控股股东的控制权、所有权与公司绩效：基于中国上市公司的证据［J］，金融研究（2）：88 –98

［53］李增泉、孙铮、王志伟，2004，隧道挖掘与所有权安排——来自我国上市公司大股东资金占用的经验证据［J］，会计研究（12）：3 –13

［54］罗党论、唐清泉，2007，市场环境与控股股东“掏空”行为研究——来自中国上市公司的经验证据［J］，会计研究（4）：69 –74

［55］Mitton, Todd, 2002, A Cross – firm Analysis of the Impact of Corporate Governance on the East Asian Financial Crisis［J］. Journal of Financial Economics, 64（2）, 1 –30

［56］Shleifer, A. and R. W. Vishny, 1997. A Survey of Corporate Governance［J］. Journal of Finance, 52, 1 –79

［57］姜国华、岳衡，2005，大股东占用上市公司资金与上市公司股票回报率关系研究［J］，管理世界（9）：119 –126

［58］La Porta, R. , Lopez – De – Silanes, F. , Shleifer, A. and Vishny, R. , 2002, Government Ownership of Banks［J］. Journal of Finance, 57, 265 –361

［59］高强，伍丽娜，2007，大股东资金占用与审计师选择的再检验［J］，审计研究（5）：84 –90

［60］周中胜、陈汉文，2006，大股东资金占用与外部审计监管［J］，审计研究（3）：73 –81

［61］王鹏、周黎安，2006，中国上市公司外部审计的选择及其治理效应［J］，中国会计评论（2）：321 –344

［62］财政部会计准则委员会，会计信息质量特征，大连出版社，2005

［63］财政部会计准则委员会，会计要素与财务报告，大连出版社，2005

［64］财政部会计司，企业会计准则讲解，人民出版社，2007

［65］陈汉文，证券市场与会计监督，中国财政经济出版社，2001

［66］葛家澍、杜兴强，会计理论，复旦大学出版社，2007

［67］李明，中国证券市场会计监督管论，经济科学出版社，2007

［68］孙燕东，基于投资者保护的会计信息披露问题研究，立信会计出

版社，2009

［69］王世定，我的会计观：关于会计理论的探索，人民出版社，1996

［70］王化成等著，中国上市公司盈余质量研究，中国人民大学出版社，2008

［71］魏明海、龚凯颂，会计理论，东北财经大学出版社，2009

［72］占卫华，资本市场中的会计研究，中国金融出版社，2007

［73］美国注册会计师协会财务报告特别委员会综合报告，改进企业报告，中国财政经济出版社，1997，陈毓圭译

［74］瓦茨、齐默尔曼，实证会计理论，东北财经大学出版社，2006，黄世忠等译

［75］科塔里等，当代会计研究综述与评述，中国人民大学出版社，2009，辛宇等译

［76］葛家澍，2002，关于高质量会计准则的几个问题［J］，会计研究（10）：16－23

［77］洪金明、徐玉德，2009，上市公司第二大股东治理效应的经验证据［J］，财政研究（8）：53－58

［78］洪金明、徐玉德和李亚茹，2011，信息披露质量、控股股东资金占用与审计师选择［J］，审计研究（2）：107－112

［79］胡奕明、林文雄、李思琦、谢诗蕾，2008，大贷款人角色：我国银行具有监督作用吗［J］，经济研究（10）：52－64

［80］胡奕明、周伟，2006，债权人监督：贷款政策与企业财务状况［J］，金融研究（4）：49－60.

［81］雷光勇、李书锋、王秀娟，2009，政治关联、审计师选择与公司价值［J］，管理世界（7）：145－155

［82］李明，1998，有效市场假说，资本资产计价模型与实证会计研究：兼评我国实证会计研究的现状［J］，会计研究（5）：36－39

［83］李明，1999，西方实证会计理论与我国的实证会计研究［J］，经济评论（3）：118－121

［84］李明辉，2007，代理成本与审计师选择行为研究综述［J］，财经理论与实践（28）：63－39

[85] 廖义刚、张玲、谢盛纹，2010，制度环境、独立审计与银行贷款——来自我国财务困境上市公司的经验证据 [J]，审计研究 (2)：62－69

[86] 陆建桥，2002，后安然时代的会计与审计 [J]，会计研究 (10)：33－42

[87] 陆正飞、刘桂进，2002，中国公众投资者信息需求之探索性研究 [J]，经济研究 (4)：36－43

[88] 马曙光、黄世忠、薛云奎，2005，股权分置、资金侵占与上市公司现金股利政策 [J]，会计研究 (9)：44－50

[89] 南开大学公司治理研究中心公司治理评价课题组，中国上市公司治理指数与治理绩效的实证分析 [J]，管理世界，2004 (2)：63－73

[90] 沈艺峰、肖珉、黄娟娟，2005，中小投资者法律保护与权益资本成本 [J]，经济研究 (6)：115－124

[91] 王宣喻、储小平，2002，信息披露机制对私营企业融资决策的影响 [J]，经济研究 (10)：31－39

[92] 王跃堂、张祖国，2001，财务报告质量评价观及信息披露监管 [J]，会计研究 (10)，12－17

[93] 吴联生，2000，投资者对上市公司会计信息需求的调查分析 [J]，经济研究 (4)：41－48

[94] 夏冬林，2004，财务会计信息的可靠性及其特征 [J]，会计研究 (1)：20－27

[95] 徐玉德，李挺伟和洪金明，2011，制度环境、信息披露质量与银行债务融资约束 [J]，财贸经济 (5)：105－114

[96] 杨之曙、彭倩，2004，中国上市公司收益透明度实证研究 [J]，会计研究 (11)：62－70

[97] 姚立杰、夏冬林，2009，我国银行能识别借款企业的盈余质量吗 [J]，审计研究，(3)：91－96

[98] 余明桂、潘红波，2008，政府干预、法治、金融发展与国有企业银行贷款 [J]，金融研究 (9)：1－22

[99] 袁淳、荆新、廖冠民，2010，国有公司的信贷优惠：信贷干预还

是隐性担保？——基于信用贷款的实证检验［J］，会计研究（8）：49－54

［100］岳衡，2006，大股东资金占用与审计师的监督［J］，中国会计评论（1）：59－68

［101］王世定，1993，“管理活动论”的哲学基础［J］，会计研究（4）：34－39

［102］王烨，2009，股权控制链、代理冲突与审计师选择［J］，会计研究（6）：65－72

［103］翟林瑜，2004，信息、投资者行为与资本市场效率［J］，经济研究（3）：47－54

［104］张程睿，2006，上市公司信息透明度研究——基于信息不对称理论与实证［D］，暨南大学博士论文，

［105］周勤业、卢宗辉、金瑛，2003，上市公司信息披露与投资者信息获取的成本效益问卷调查分析［J］，会计研究（5）：3－13

［106］Akerlof, Cx. 1970, The market for "Lemons": Quality uncertainty and the market mechanism ［J］. Quarterly Journal of Economics, August, 488－500

［107］Aksu, M., Kosedag, 2005, determinants in the Istanbul Transparency and disclosure scores and their stock exchange ［J］. SSRN Working Paper

［108］Ariccia, G. D., R Marquez, 2004, Infornation and bank credit allocation ［J］. Journal of Financial Economics, 72, 185－214

［109］Bae, K, J. K ang, Kim, J. 2002. Tunneling or Value Added ? Evidence from Mergers by Korean Business Groups ［J］. The Journal of Finance, 57, 2695－2740

［110］Bhattacharya, R 1989, Firm characteristics and analyst following ［J］. Journal of Accounting and economics, 1 1 (7), 255－274

［111］Brown, S., Finn, M., Hillegeist, A. S. 2001, Disclosure quality and the probability of informed trade ［J］. SSRN Working Paper

［112］Bushman, R., Smith, A.. 2003, Transparency, financial accounting information, and corporate governance ［J］. Economic Policy Review, 9, 65－87

[113] Byard, D. , Shaw, K.. , 2002, Corporate disclosure quality and properties of analysts information environment [J]. Journal of Accounting, Auditing and Finance, 4, 355 -378

[114] Cheng, A. , Collins, D. , Huang, H.. 2005, Shareholder rights, financial disclosure and the cost of equity capital [J]. SSRN Working Paper

[115] Chow, Chee, 1982, The Demand for External Auditing: Size, Debt and Ownership Influence [J]. The Accounting Review 57, 272 -291

[116] Defond, M. L. , Jiambalvo, J. , 1994, Debt Covenant Violation and Manipulation of Accruals [J]. Journal of Accounting and Economics, 17 (1), 145 -176

[117] Diamond, D. W. , 1993, Seniority and maturity of Debt Contracts [J]. Journal of Financial Economics, 33

[118] Easley, D. , O'hara, M.. 2004, Information and the cost of capital [J]. Journal of Finance, 59 (4), 1553 -1583

[119] Fan. J. P. H. and T J. Wong, 2005, Do external auditors perform a corporate governance role in emerging markets? Evidence from East Asian. Journal of Accounting Research, 43, 35 -72

[120] Francis, J. , LaFond, R. , Olsson, P. , Schipper, K. , 2005, The Market Pricing of Accruals Quality, Journal of Accounting and Economics, 39 (2), 295 -327

[121] Frankel, R. , McNichols, M. , Wilson, G.. 1995, Discretionary disclosure and external financing [J]. The Accounting Review, 70 (1), 135 -150

[122] Friedman E, Johnson S, and Mitton T. 2003, Propping and tunneling [J]. Journal of Comparative Economics, 31, 732 -750

[123] Khwaja A. I. and Mian A. , 2005, Do Lenders Favor Politically Connected Firms [J]. Quarterly Journal of Economics, 120, 1371 -1411

[124] Kim, O. , Verrecchia, R.. 1994, Market liquidity and volume around earnings announcement [J]. Journal of Accounting and Economics, 1, 41 -67

[125] Kim, O. , Verrecchia, R. E.. 2001, The relation among disclosure,

returns and trading volume information [J]. The Accounting Review, 76 (4), 633 -654

[126] Land, M. , Lundholm, R. . 1993, Cross - sectional determinants of analyst ratings of corporate disclosures [J]. Journal of Accounting Research, 31 (2), 246 -271

[127] Lang, M. , Lundholm, R. . 1997, Voluntary disclosure during equity offerings, reducing information asymmetry or hyping the stock? [J]. SSRN Working Paper, University of Michigan

[128] La Porta, R. , Lopez - de - Silanes, F. , Shleifer, A. , and Vishny, R. , 1998, Law and Finance [J]. Journal of Political Economy, 106, 1113 -1155

[129] Leftwich, R. , 1983, Accounting Information in Private Markets, Evidence from Private Lending Agreements [J]. The Accounting Review, 58 (1), 23 -42

[130] Myers, S. C. 1977, Determinants of Corporate Borrowing [J]. Journal of Financial Economics 5, 147 -175

[131] Shleifer, A. and R. Vishny, 1986. Large shareholders and corporate control [J]. Journal of Political Economy, 94, 461 -488

[132] Sloan, Richard G. 2001, Financial accounting and corporate governance, a discussion [J]. Journal of Accounting and Economics, 32, 335 -347

[133] Verrecchia, R. . 1983, Discretionary Disclosure [J]. Journal of Accounting and Economics. 5, 179 -194

[134] Verrecchia, R. . 1999, Disclosure and the cost of capital, a discussion [J]. Journal of Accounting and Economics, 26, 271 -283

[135] Verrecchia, R. . 2001, Essays on disclosure [J]. Journal of Accounting and Economics, 32, 97 -180